Diogenes Taschenbuch 24602

HANSJÖRG SCHNEIDER, geboren 1938 in Aarau, arbeitete als Lehrer und als Journalist. Mit seinen Theaterstücken, darunter *Sennentuntschi*, *Der Erfinder* und *Der liebe Augustin*, war er einer der meistaufgeführten deutschsprachigen Dramatiker, seine *Hunkeler*-Krimis führen regelmäßig die Schweizer Bestsellerliste an. 2005 wurde er mit dem Friedrich-Glauser-Preis ausgezeichnet. Er lebt als freier Schriftsteller in Basel.

Hansjörg Schneider
Der liebe Augustin

Schauspiel in sechs Bildern

Diogenes

Die Erstausgabe erschien 1983 im Ammann Verlag, Zürich
Uraufgeführt 1979 im Schauspielhaus Zürich
Covermotiv: Lithographie von Marc Chagall,
›Moïse‹, 1956, M 114, Lithographie
Copyright © 2020, ProLitteris, Zürich / akg-images

Aufführungsrechte:
Verlag der Autoren GmbH & Co KG
Taunusstraße 19
D-60329 Frankfurt am Main

Inhalt

Zum Stück

Im Herbst 1974 reiste ich mit der Absicht, ein Stück über den Schweizer Pionier General Sutter zu schreiben, nach Kalifornien. Die Pro Helvetia hatte mir das Billet Basel–Sacramento retour bezahlt. Ich saß zuerst mutterseelenallein zehn Tage in der Kongress-Bibliothek von Washington und las alles, was über den seltsamen General geschrieben worden war. Dann setzte ich mich in den Bus und fuhr drei Tage und drei Nächte, bis ich dort ankam, wo Sutter sein Fort gebaut hatte. Ich wusste schon im Bus, dass mir zu Sutter nichts einfallen würde, und es ist mir, außer einem Zeitungsartikel, auch nichts eingefallen. Hingegen fing in meinem Hinterkopf ein alter Theaterplan an zu rotieren: die Geschichte nämlich vom lieben Augustin, der im Pestjahr von 1679 in Wien gelebt, getrunken und gesungen hatte, der in eine Pestgrube gefallen und darin übernachtet hatte und dem die Pest nichts anhaben konnte. Ich erinnere mich, wie auf der Fahrt durch das ehemalige Cheyenne-Land ein schwarzer Adler mit rotem Kopf etwa hundert Meter neben dem Bus herschwebte, und dieser Aassucher bestärkte mich im Entschluss, den lieben Augustin vom Hinterkopf in mein vorderes Gehirn zu zerren. Ich übernachtete drei Nächte in einem seltsamen Motel in Sacramento. Es war November, die Zeit, in der mein Heimatstädtchen Zofingen unter schwerem Nebel liegt, die Zeit, in der sich meine Mutter entschlossen hatte zu sterben. Von meinem Motelzimmer aus sah ich Palmen: seltsame Gewächse, die wie Plastik in einer fremden Sonne schimmerten. Meine nächtlichen Biere trank ich in einem Billardklub, der gleich neben dem Motel lag. Vor diesem Billardklub stand eine rote Limousine, die offenbar für 200 Dollars zu kaufen war. Ich hätte sie kaufen und damit beispielsweise nach Guatemala fahren können. Aber ich blieb drei Tage in meinem Zimmer und schrieb den lieben Augustin von Anfang bis zum Ende durch. Natürlich habe ich das Stück seitdem überarbeitet, ich habe die Lieder geschrieben und den Schluss erweitert. Denn die Kraft ging mir damals aus, ich beseitigte wie ein grimmiger Charles Bronson sämtliche Figuren Knall auf Fall, bis nur noch Augustin übrig war, und dieser Augustin war ich. Also gab ich ihm eine Pistole in die Hand und ließ ihn sich erschießen. Den Selbstmord habe ich später aus dem Stück herausgenommen, er wäre zu unverständlich, zu wenig begründet durch das Stück, weil man ja meine persönliche Geschichte nicht erfährt. Aber der Grundton des Stückes ist geblieben. Es ist ein trauriges Stück, ein Novemberstück, ein hermetisches Stück, weil es ja um mich geht, ohne dass ich mich erkläre, es ist ein Mutterstück, und ich widme es meiner Mutter.

H. S., 1983

Der liebe Augustin

Personen

Ort: Eine Wirtschaft, die zunehmend verfällt und zum Sterbeort wird.

Zeit: Das Stück stützt sich auf die Figur des lieben Augustin, der 1679 in Wien während der großen Pest gesungen, getrunken, in einer Pestgrube geschlafen und überlebt hat. Das Stück spielt aber nicht 1679 in Wien, sondern irgendwann und irgendwo.

Erstes Bild

Die Wirtschaft ist leer. Auf treten Augustin und Beatrice. Beatrice mit einem Schellenbaum, Augustin z. B. mit einer Ziehharmonika.

AUGUSTIN Hier ist der Augustin. Er steht da. Er setzt sich. Jetzt sitzt er. Er steht auf. Linkes Bein, rechtes Bein. Zwei erstklassige Beine. Er geht. Ein Finger, zwei Finger, drei, vier, fünf Finger. Fingerln. Zeherln. Beinerln. Da klopft was. Wer klopft? Der Augustin klopft nicht. Das Herz klopft. Da schnauft was. Es schnauft. *Zu Beatrice* Los, schellen.

BEATRICE Es hat keinen Sinn, Augustin.

AUGUSTIN Jetzt bin ich hier, aus dem Nirgendwo, wo nichts ist außer das Nirgend, und kein besonderes Nirgend, sondern irgend ein Nirgend, und aus einem Wo, von dem man nicht weiß wo. Ich will sagen, dass ich nichts will, außer sagen, dass ich nichts will, außer Sätze sagen:
Der Mensch meint
sein Leben sei wichtig.
Richtig ist:
Es ist nicht wichtig.
Das sind gute Sätze. Und ich mache weiter Sätze:
Der Mensch meint
er sei wichtig.
Richtig ist:

Er ist nicht wichtig.
Und das Gegenteil stimmt auch:
Das Leben ist darum wichtig
weil es nicht wichtig ist.
So ist es richtig.
Weiter. *Beatrice ist eingeschlafen.*

AUGUSTIN
Schlaf nur, schlaf. Stimmt, das Leben macht müde.
Es ist ermüdend zu leben. *Singt.*
Schlaf, mein Kind,
der Wind
streicht durch dein Haar.
Träum, mein Kind
der Wind
macht deine Träume wahr.

Susanne tritt auf. Augustin wendet sich an sie.

AUGUSTIN
Tanz, mein Kind,
der Wind
tanzt durch dein Haar.
SUSANNE Was machen Sie?
AUGUSTIN Die Zeit vertreiben.
SUSANNE Möchten Sie Kaffee?
AUGUSTIN Nein, Wein.
SUSANNE Rot oder weiß?
AUGUSTIN Rot oder weiß.
BEATRICE Für mich Kaffee, bitte, und Semmeln.
SUSANNE Ich hole Ihnen gleich welche. *Bringt Wein und
Kaffee.*
AUGUSTIN Die Wirtschaft ist sehr leer.

SUSANNE Immer am frühen Morgen. Die Leute arbeiten.

AUGUSTIN Was arbeiten die Leute?

SUSANNE Arbeiten Sie nichts?

AUGUSTIN Nein.

SUSANNE Aber Sie machen Musik.

AUGUSTIN Manchmal.

SUSANNE Das ist auch eine Arbeit. Ich hole Ihnen die Semmeln.

Ab

BEATRICE Im Grunde glaubst du die Sätze nicht, die du sagst.

AUGUSTIN Und?

BEATRICE Warum sagst du sie denn?

AUGUSTIN Irgendeiner muss etwas sagen.

BEATRICE Im Grunde willst du gar nicht leben.

AUGUSTIN Ich muss nicht unbedingt leben.

BEATRICE Du musst dich gegen das wehren.

AUGUSTIN Gegen was?

BEATRICE Du bist auf der Welt, und du musst leben.

AUGUSTIN Man muss gar nichts.

BEATRICE Du willst nichts mehr.

AUGUSTIN Ich will hier sitzen, Wein trinken und ein bisschen Musik machen.

BEATRICE Das, worauf du wartest, gibt es nicht.

AUGUSTIN Stimmt nicht. Du wartest auf etwas, was es nicht gibt. Du wartest auf mich, und mich gibt es nicht.

BEATRICE Der Wind macht die Träume nicht wahr.

AUGUSTIN Geh doch, wenn du nicht bei mir bleiben willst.

BEATRICE Du weißt, dass ich dich liebe.

AUGUSTIN Ich dich auch.

BEATRICE Ach lass das.

AUGUSTIN Doch, ich glaube tatsächlich, dass ich dich liebe, Beatrice.

BEATRICE Du liebst nicht einmal dich selber richtig.

AUGUSTIN Ich bin so, wie ich bin, und nicht so, wie du willst, dass ich bin.

BEATRICE Im Grunde bist du anders, als du jetzt bist.

AUGUSTIN Wie bin ich denn?

BEATRICE Hör mit dem Wein auf.

AUGUSTIN Warum?

BEATRICE Weil du so zugrunde gehst. Und ich auch. Du lebst, Augustin, du bist lebendig. Man muss das Leben, das man hat, leben.

AUGUSTIN Ich mache nichts anderes.

BEATRICE Ich kann nicht so leben wie du.

AUGUSTIN Das musst du auch nicht.

BEATRICE Warum willst du mich nicht verstehen?

AUGUSTIN Ich verstehe dich sehr gut. Du willst gehen, weil du genug hast von mir.

BEATRICE Ich habe nie einen Menschen so geliebt wie dich, und ich werde nie mehr einen Menschen so lieben wie dich. Auch wenn ich gehe, lebe ich nur durch dich. Verstehst du das?

AUGUSTIN Du willst gehen. Also gehe.

BEATRICE Komm mit, sonst gehst du kaputt.

AUGUSTIN Ich gehe ohnehin kaputt.

BEATRICE Es geht alles kaputt. Aber es kommt drauf an, wie etwas kaputt geht.

AUGUSTIN Es schillert, es leuchtet, es stinkt, es verändert sich. Das ist Leben.

BEATRICE So schöne Sätze sagst du.

AUGUSTIN Geh bitte nicht.

BEATRICE Soll ich bleiben?

AUGUSTIN Ach geh zum Teufel.

BEATRICE Du hast keine Ahnung von Liebe. Du hast keine Ahnung, was ein Mensch ist. Ich kann auch ohne dich leben.

AUGUSTIN Ich brauche dich nicht.

BEATRICE Ich will leben.

AUGUSTIN Ein Stein lebt nicht, und es gibt nichts Schöneres als einen Stein, der in der Sonne liegt. Oder auch im Regen, wenn er leuchtet.

BEATRICE Du bist kein Stein.

AUGUSTIN Nein.

BEATRICE Du bist wie porös. Manchmal denke ich, alles geht durch deine Haut in dich hinein. Deshalb liebe ich dich.

AUGUSTIN Du hast eine Haut wie Wasser, eine Wasserhaut. Manchmal ist sie wie Pfirsich.

BEATRICE Du hassest das Leben.

AUGUSTIN Du hast eine Pfirsichhaut, und du schnaufst.

BEATRICE Warum hassest du das Leben?

AUGUSTIN Ich liebe alles, was schnauft. Alles geht kaputt.

BEATRICE Komm mit.

AUGUSTIN Wohin?

BEATRICE Ich lasse dich jetzt.

AUGUSTIN Es ist erst Morgen.

BEATRICE Ich gehe. *Sie geht*

AUGUSTIN *singt*

Liebe ist, wenn man liebt.
Liebe ist, wenn man geht.
Es regnet
auf meine Träume.
Sie werden nass.

Ich bleibe trocken.
Die Sonne
brennt meine Gedanken.
Sie werden dürr.
Ich werde warm.

SUSANNE *kommt mit den Semmeln* Wo ist Ihre Frau?

AUGUSTIN Gegangen.

SUSANNE Kommt sie nicht zurück?

AUGUSTIN Nein.

SUSANNE Das Leben ist zu kurz, um traurig zu sein.

AUGUSTIN Ich bin nicht trauriger als sonst.

SUSANNE Die Pest ist in Neustadt.

AUGUSTIN So.

SUSANNE Erschreckt Sie das nicht?

AUGUSTIN Ich weiß nicht.

SUSANNE Neustadt ist weit weg.

AUGUSTIN Es geht.

SUSANNE Doch. Man braucht einen ganzen Tag, um von dort hierher zu fahren.

AUGUSTIN Ein Tag ist kurz.

SUSANNE Nein, ein Tag ist lang. Einen ganzen Tag braucht man, ich habe es in der Bäckerei gehört. Wollen Sie die Semmeln nicht?

AUGUSTIN Nein.

SUSANNE Wer soll sie denn essen?

AUGUSTIN Gib mir eine. Zur Erinnerung.

SUSANNE Zur Erinnerung an was?

AUGUSTIN Ich weiß nicht. An meine Jugend.

SUSANNE Sie sind frisch aus dem Ofen. Der Rat wird sie nicht hereinlassen.

AUGUSTIN Wen wird er nicht hereinlassen?

SUSANNE Die Pest.

AUGUSTIN Wenn die Pest herein will, kommt sie herein.

SUSANNE Reden Sie nicht so.

AUGUSTIN Wie rede ich?

SUSANNE Unmenschlich.

AUGUSTIN Das tut mir leid.

SUSANNE Haben Sie keine Angst?

AUGUSTIN Doch.

SUSANNE Warum reden Sie denn so?

AUGUSTIN Weil es so ist. Der Pest kann niemand befehlen.

SUSANNE Erst bekommt man Beulen, und dann stirbt man.

AUGUSTIN Man stirbt ohnehin.

SUSANNE Jetzt reden Sie wieder so.

AUGUSTIN Man muss nicht unbedingt leben. Das ist so.
Gib mir noch einen Wein.

SUSANNE Spielen Sie mir etwas vor?

AUGUSTIN Was soll ich spielen?

SUSANNE Etwas Fröhliches.

AUGUSTIN Ich weiß nichts Fröhliches.

SUSANNE Sie sind doch Musikant.

AUGUSTIN *singt*
Das Leben ist kurz
das ist wahr
Das Leben ist schön
das ist klar
Bald stirbt der Mensch
ganz und gar
Ich bin tot
in wenigen Jahr.
Das Essen ist kurz
das ist wahr
Der Hunger ist lang
das ist klar

Er überlebt den Mensch
ganz und gar
Ich werde gefressen
in wenigen Jahr.
Die Liebe ist jung
das ist wahr
Der Mensch ist alt
das ist klar
Die Welt verdirbt
ganz und gar
Ich habe geliebt
ein ganzes Jahr.

SUSANNE Ich möchte ein ganzes Leben lang lieben.

AUGUSTIN Das ist lang.

SUSANNE Wenn zwei sich lieben, ist das Leben leicht.

AUGUSTIN *singt* Liebe macht das Leben leicht
Liebe macht das Sterben leicht
Das Sterben macht die Liebe leicht
Das Sterben macht das Leben leicht.

POLIZIST *tritt auf* Was geht hier vor? Sofort aufhören.

SUSANNE Der Herr ist Musikant.

POLIZIST Die Pest ist in Neustadt. Ab sofort gelten die
Vorschriften für Pestzeiten. Keine öffentliche Musik,
keine Schaustellereien, keine Art von Festlichkeiten. So
sind die Vorschriften.

SUSANNE Aber die Pest ist doch noch gar nicht hier.

POLIZIST Noch nicht, mein Fräulein, noch nicht. Aber sie
kann kommen.

SUSANNE Sie sind ein Schwarzseher, und das schon so früh
am Morgen. Trinken Sie etwas?

POLIZIST Danke sehr. Ich bin im Dienst.

SUSANNE Sie machen den Leuten Angst, bevor überhaupt etwas geschehen ist.

POLIZIST Mit Angstmachen hat das nichts zu tun, sondern ausschließlich mit Vorsicht. Wissen Sie überhaupt, was das ist, die Pest?

SUSANNE Ja. Man bekommt Beulen und stirbt.

POLIZIST Man bekommt Beulen und stirbt! Ganze Städte sterben dahin, ganze Städte. Können Sie sich das überhaupt vorstellen? So etwas kann man sich gar nicht vorstellen! Und insbesondere Vaganten, wie Musikanten, Schausteller, Kartenleger, sind besonders gefährliche Personen, weil sie die Pest mit sich herumschleppen können.

SUSANNE Der hier ist kein Vagant.

POLIZIST Was denn?

AUGUSTIN Ich glaube, ich schleppe die Pest nicht mit mir herum.

POLIZIST Sie glauben das, wie das alle glauben. Aber hier gibt es kein Glauben, hier gibt es nur Wissen. Wer sind Sie?

AUGUSTIN Ich heiße Augustin.

POLIZIST So, Augustin. Und was arbeiten Sie?

AUGUSTIN Ich arbeite nicht.

POLIZIST Aha. Und von was leben Sie?

AUGUSTIN Ich mache Musik.

POLIZIST Und wo wohnen Sie, wenn man fragen darf?

AUGUSTIN In Wirtschaften.

POLIZIST In Wirtschaften. Sie haben also keinen festen Wohnsitz.

AUGUSTIN Nein.

POLIZIST Ab sofort müssen Sie sich über einen festen Wohnsitz ausweisen.

AUGUSTIN Tut mir leid, das kann ich nicht.

POLIZIST Vorschrift für Pestzeiten. Wir müssen die Leute kontrollieren können.

SUSANNE Wir haben oben ein freies Zimmer.

AUGUSTIN Ich habe kein Geld.

SUSANNE Der Herr hat seinen festen Wohnsitz ab sofort bei uns.

POLIZIST Schön. Und wenn Sie umziehen, haben Sie das sogleich zu melden. Schön. Jetzt muss ich mir die Küche anschauen.

SUSANNE Warum? Unsere Küche ist in Ordnung.

POLIZIST Sehen Sie, mein Fräulein, es kommt nicht drauf an, ob Sie die Küche in Ordnung finden, sondern ob wir die Küche in Ordnung finden. Das ist ein Unterschied.

SUSANNE Bitte.

POLIZIST *ab in die Küche.*

SUSANNE Wie der sich aufführt.

AUGUSTIN Er gibt sich Mühe.

SUSANNE Der nimmt sich zu wichtig. Jetzt wohnen Sie also hier.

AUGUSTIN Es scheint so zu sein.

SUSANNE Gefällt es Ihnen hier nicht?

AUGUSTIN Doch. Danke.

SUSANNE Ich helfe gern, wenn ich kann. Haben Sie wirklich kein Geld?

AUGUSTIN Ich spiele den Leuten etwas vor, und sie bezahlen meinen Wein. Das scheint jetzt vorbei zu sein.

SUSANNE Ich rede mit dem Vater. Vielleicht können Sie hier arbeiten.

AUGUSTIN Was soll ich arbeiten?

SUSANNE Sie könnten ausschenken.

AUGUSTIN Schankbursche?

SUSANNE Ja. Wollen Sie nicht?

AUGUSTIN Warum auch nicht.

SUSANNE Es ist keine üble Arbeit. Sie sind unter Leuten, und anstrengend ist es nicht.

AUGUSTIN Wie heißt du?

SUSANNE Susanne. Trinken Sie immer Wein?

AUGUSTIN Ja.

SUSANNE Werden Sie nicht betrunken?

AUGUSTIN Selten.

SUSANNE Aber es ist ungesund.

AUGUSTIN Das Leben ist ungesund. Sag mir doch du.

SUSANNE Warum meinst du, ist das Leben ungesund?

AUGUSTIN Jeden Tag wird man einen Tag älter. Jeder Tag ist ein Tag weniger.

SUSANNE Das ist doch normal.

AUGUSTIN Ja, das ist normal.

SUSANNE Das ist doch nicht ungesund. Mein Großvater hat noch mit 82 ein Bierfass in den Keller getragen.

AUGUSTIN Und was macht er jetzt?

SUSANNE Er ist tot. Seit drei Jahren. Oder sind es vier?

AUGUSTIN Tot ist tot.

SUSANNE Du bist wirklich seltsam. *Sie zeigt ihm ein Silberkettchen, das sie um den Hals trägt.* Das hat er mir geschenkt, als ich zehn war.

AUGUSTIN Schön.

SUSANNE Ich bringe ihm jeden Sonntag Blumen auf sein Grab.

AUGUSTIN Und was ist im Grab?

SUSANNE Frag nicht so.

AUGUSTIN Dein Großvater stinkt.

SUSANNE Warum bist du so unmenschlich?

AUGUSTIN Gib mir die Hand.

SUSANNE Warum?

AUGUSTIN Gib.

SUSANNE Hier. *Er küsst ihre Hand.* Was du für Lippen
hast. *Sie will sich wegwenden.* Es ist jetzt Morgen.

AUGUSTIN Der Morgen ist rein, wie du.

SUSANNE Wie du redest. *Polizist tritt auf.* Ich habe dem
Herrn Wein hingestellt.

POLIZIST Sie scheinen sehr durstig zu sein, mein Herr.

AUGUSTIN Immer am Morgen. Wegen der Nacht.

POLIZIST Wie bitte?

AUGUSTIN Weil die Nacht schwarz ist.

POLIZIST Die Küche ist in Ordnung.

SUSANNE Ich habe es Ihnen doch gesagt.

POLIZIST Ich habe Ihnen doch eben gesagt, dass es nicht
auf Ihre Meinung ankommt.

SUSANNE Es ist meine Küche.

POLIZIST Wir müssen alles kontrollieren. Ob uns das jetzt
passt oder nicht. Ich würde auch lieber hier rumsitzen
und Wein trinken.

SUSANNE Nehmen Sie einen Schnaps?

POLIZIST Wenn's sein muss, gern. Ich fühle mich nämlich
nicht sehr wohl.

SUSANNE Das ist kein Wunder bei Ihrer strengen Arbeit.

POLIZIST Da haben Sie recht. Wir müssen jetzt ran. Jetzt
kommt's in erster Linie auf uns und auf eine geregelte
Ordnung an. *Er niest.* Sie sind also Musikant?

AUGUSTIN Ich war Musikant.

POLIZIST Stimmt, Sie waren Musikant. Sie müssen sich
jetzt etwas anderes suchen.

SUSANNE Er wird Schankbursche. Ich muss es nur noch
dem Vater sagen.

POLIZIST Da haben Sie Glück gehabt. *Er niest.* Entschuldigung. Geben Sie mir noch einen. Wir werden den Kampf gewinnen. Wir müssen ihn gewinnen.

AUGUSTIN Ich hoffe sehr, Sie haben Erfolg.

POLIZIST Wie meinen Sie das, mein Herr?

AUGUSTIN Ich hoffe, Sie werden die Pest besiegen.

POLIZIST Wir werden, wenn wir zusammenhalten. Wir können nicht mehr auf Einzelwünsche Rücksicht nehmen. Und wir werden Erfolg haben.

SUSANNE Sind Sie ganz sicher?

POLIZIST Jawohl, mein Fräulein, ganz sicher. Ihr Instrument hängen Sie am besten unters Dach.

AUGUSTIN Es gehört zu mir.

POLIZIST Was wir jetzt brauchen, ist nicht Musik, sondern Ernst. Tödlicher Ernst. Nächstes Mal, wenn ich herkomme, sind Sie beschäftigt.

AUGUSTIN Ich glaube schon.

POLIZIST Sie sind beschäftigt.

AUGUSTIN Ja.

POLIZIST Wir brauchen jetzt jeden Mann. *Er will bezahlen.* Zwei Schnäpse.

SUSANNE Ist schon gut.

POLIZIST Dann also danke. Und vergessen Sie nicht: tödlicher Ernst. Auf Wiedersehen. *Ab*

SUSANNE Der macht einem Mut.

AUGUSTIN Mir nicht.

SUSANNE Er hat klar gesagt, dass nichts geschehen kann. Er muss es doch wissen. Ich glaube, du glaubst an nichts. Ist das vorher deine Frau gewesen?

AUGUSTIN Es war eine Frau.

SUSANNE Liebst du sie?

AUGUSTIN Vielleicht.

SUSANNE Bist du verheiratet?

AUGUSTIN Nein.

SUSANNE Warum nicht?

AUGUSTIN Ich weiß nicht.

SUSANNE Wenn du Schankbursche bist, sehen wir uns jeden Tag.

AUGUSTIN Siehst du mich gern?

SUSANNE Ja. Ich bin viel allein. Auch wenn Leute da sind, bin ich allein. Verstehst du das?

AUGUSTIN Ja, das verstehe ich.

SUSANNE Du verstehst viel.

AUGUSTIN Warum meinst du?

SUSANNE Ich spüre das.

AUGUSTIN Ich verstehe überhaupt nichts.

SUSANNE Vielleicht ist es das. Andere Leute meinen immer, sie verstehen alles, und sie verstehen nichts.

AUGUSTIN Andere Leute verstehen das Leben besser.

SUSANNE Hierher kommen auch Leute, die viel trinken. Aber die sind anders als du.

AUGUSTIN Ich bin ein ganz normaler Trinker.

SUSANNE Das darfst du nicht sagen. Die Männer schauen einen so an. Du nicht.

AUGUSTIN Magst du Männer?

SUSANNE Hin und wieder. Aber das geht meistens schnell vorbei.

AUGUSTIN Es kommt nicht drauf an, wie lange es dauert.

SUSANNE Doch, Liebe muss dauern, sonst ist es keine Liebe.

AUGUSTIN Das Leben dauert auch nicht.

SUSANNE Liebe kann man überall haben. Meinst du das?

AUGUSTIN Ja. Liebe ist ein Geschenk.

SUSANNE Ich brauche einen Mann, der mit mir später die Wirtschaft übernimmt. Diesen Mann will ich lieben, sonst hat es keinen Wert.

AUGUSTIN Liebe hat immer einen Wert.

SUSANNE Da bin ich anderer Meinung. Man darf sich nicht gehenlassen.

AUGUSTIN Das Leben geht dorthin, wo es hingehen will.

SUSANNE Was würdest du tun, wenn du hier nicht Schankbursche sein könntest?

AUGUSTIN Ich würde das tun, was ich immer getan habe.

SUSANNE Was?

AUGUSTIN Herumsitzen, warten.

SUSANNE Auf was?

AUGUSTIN Auf das, was geschieht.

SUSANNE Du sagst Sätze, die ich noch nie gehört habe.

AUGUSTIN Ich sage ganz gewöhnliche Sätze.

SUSANNE Nein. Zum Beispiel: Das Leben geht dorthin, wo es hingehen will.

AUGUSTIN Gefällt dir das?

SUSANNE Ja, sehr.

AUGUSTIN Es gefällt dir, weil du weißt, dass es stimmt.

SUSANNE Ich glaube nicht, dass es stimmt. Aber wenn du es sagst, glaube ich es. Ich mache dir jetzt das Bett, und du gehst schlafen.

AUGUSTIN Ich will nicht schlafen.

SUSANNE Was du brauchst, ist ein Bett. Du musst dich erst ausruhen. *Sie geht ab.*

AUGUSTIN *singt*

Mein Stern ist verwelkt

Er hängt am Himmel, tot.

Ich brauche kein Bett, ich brauche Schlaf.

Ich brauche keine Frau, ich brauche Liebe.

Meine Liebe ist verwelkt
Sie hängt am Himmel, tot.

WIRT *tritt auf* Was machst du hier?

AUGUSTIN Ich nehme Abschied.

WIRT Von was?

AUGUSTIN Von mir.

WIRT Du nimmst von dir Abschied?

AUGUSTIN Ich habe gesungen, weil es mir langweilig war. Langweilst du dich nie?

WIRT Warum soll ich mich langweilen?

AUGUSTIN Weil es langweilig ist.

WIRT Es hört dir ja gar keiner zu.

AUGUSTIN Ich singe, weil ich leben will. Willst du nicht leben?

WIRT Woher kommst du eigentlich?

AUGUSTIN Aus meiner Jugend.

WIRT Du bist völlig verrückt, völlig verrückt.

AUGUSTIN Ich bin nicht verrückt. Die Welt ist verrückt.

WIRT Das stimmt. Da draußen sind plötzlich alle verrückt. Es ist gar nichts los, überhaupt nichts, und plötzlich haben alle Angst vor der Pest. Gestern war noch nichts, und heute zittern alle. Warum?

AUGUSTIN Es kommt plötzlich.

WIRT Was kommt plötzlich?

AUGUSTIN Dass alles anders ist. Plötzlich ist alles anders. So ist das.

WIRT Das gefällt dir wohl?

AUGUSTIN Ob es mir gefällt oder nicht, es ist plötzlich alles anders.

WIRT Kannst du überhaupt bezahlen?

AUGUSTIN Nein. Aber ich bin hier Schankbursche.

WIRT Wer hat das gesagt?

AUGUSTIN Susanne.

WIRT Meine Tochter?

AUGUSTIN Wenn du ihr Vater bist, ja.

WIRT Ich bin ihr Vater, und ich bestimme hier. Und du bist hier nicht Schankbursche. Verstanden.

AUGUSTIN Hier ist mein fester Wohnsitz.

WIRT Was?

AUGUSTIN Ich wohne hier. Susanne macht mir eben das Bett.

WIRT Was für ein Bett?

AUGUSTIN Es muss irgendwo oben sein.

WIRT Es wird hier kein Bett gemacht, verstanden.

AUGUSTIN Komm, setz dich, ich will es dir erklären. Da Pestzeit ist, muss ich einen festen Wohnsitz haben. Ein Polizist war hier und hat das befohlen. Er hat gesagt, es werde nicht mehr auf Einzelwünsche Rücksicht genommen. Und jetzt sitze ich eben hier fest. Zum Wohl.

WIRT Ich will dir jetzt auch etwas sagen. Du verschwindest jetzt! Und zwar sofort. Sofort.

AUGUSTIN Auf deine Verantwortung. Du musst es mit dem Polizist ausmachen. Ich habe ihm versprochen, hier zu wohnen, mich zu beschäftigen und keine Musik mehr zu machen.

WIRT Hinaus. So eine verrückte Unverschämtheit. Du Pestbruder! *Augustin ab*

WIRT Susanne! *Er geht Susanne holen.*

Zweites Bild

Abend. Zwei Tage später. Augustin schläft hinter der The-
ke. An einem Tisch sitzen Wirt, Schmied, Ratsherr, seine
Frau Isabelle. Susanne bedient. Es herrscht eine gedrückte
Stimmung. Schmied versucht, Stimmung zu machen. Er
erzählt einen Witz.

SCHMIED Ein Mönch geht mit einer Frau durch einen
   dunklen Gang. Er hat eine Kerze in der Hand. Da
   kommt ein Windstoß und bläst die Kerze aus, und der
   Mönch ist mit der Frau im Dunkeln. Da sagt die Frau:
   Nimm doch die Kerze und leuchte mir zwischen die
   Beine, denn dort ist es dunkel. *Isabelle lacht schrill,*
   Ratsherr ein bisschen.
WIRT Schluss jetzt, Ruhe.
RATSHERR Was ist denn? Das ist doch ein harmloser Witz.
ISABELLE Denn zwischen meinen Beinen ist es dunkel.

Sie lacht.

WIRT Ruhe!
SCHMIED Du bist unausstehlich.
WIRT Ich habe meine Vorschriften. Ich würde auch lieber
   lachen.
ISABELLE So lachen Sie doch. Lachen Sie.
WIRT Ich kann nicht lachen. Bald kommt niemand mehr
   her. Ich lebe von den Leuten, davon, dass sie am Abend

herkommen und fröhlich sind. Und was sehe ich? Saure Gesichter.

SCHMIED Schau dich ruhig selber an.

WIRT Wie soll ich lachen, wenn ich nichts verdiene?

ISABELLE Dass Sie jetzt ans Geld denken können.

WIRT An was soll ich sonst denken? An die Pest?

ISABELLE Es ist Ihre Pflicht, uns einen fröhlichen Abend zu bieten. Dazu sind Sie da.

RATSHERR Wir können nur hoffen und beten, dass wir verschont bleiben.

WIRT Wie soll ich Sie unterhalten, wenn alles verboten ist?

RATSHERR Wir werden verschont bleiben. Wir haben alles Nötige veranlasst. Es kann gar nichts passieren.

SCHMIED Dass es so etwas überhaupt gibt. Da lebst du gemütlich vor dich hin, machst deine Arbeit und geniessest die seltenen Rosen des Lebens, wenn ich so sagen darf, und plötzlich ist da ein Gerücht, die Pest sei da. Dabei ist sie noch gar nicht da.

RATSHERR In solchen Zeiten merkt man, wie sehr wir in Gottes Hand sind.

SCHMIED Sie ist noch gar nicht da. Ich merke jedenfalls nichts.

WIRT Was willst du merken?

SCHMIED Was ich merken will?

WIRT Du hast eben gesagt, dass du jedenfalls nichts merkst.

SCHMIED Ich habe gesagt: Ich jedenfalls merke nichts. Merkst du vielleicht etwas?

WIRT Wieso ich? Bist du übergeschnappt?

SCHMIED Wie redest du mit mir? Benimm dich bitte anständig, sonst fliegst du hinaus.

WIRT Wo fliege ich hinaus? Aus meiner Wirtschaft vielleicht?

SUSANNE Reg dich doch nicht auf, Vater.

WIRT Schweig sofort, aber sofort, sonst vergesse ich mich, du Hure.

ISABELLE Wie reden Sie mit Ihrer Tochter?

WIRT Mischen Sie sich bitte nicht ein.

RATSHERR Beruhigt euch doch, nur Ruhe, Ruhe. Wir müssen uns zusammennehmen.

SCHMIED Hat er gesagt, ich müsste eigentlich etwas merken? Hat er das gesagt oder nicht?

RATSHERR Er hat gesagt, es sei noch nichts zu merken, und da hat er auch recht. Es ist noch nichts zu merken, weil eben noch nichts los ist.

WIRT Was sollte denn los sein?

RATSHERR Die Pest ist noch weit weg.

SCHMIED Was heißt hier: noch weit weg? Kommt sie vielleicht näher?

RATSHERR Aber nein, sie bleibt, wo sie ist. Wir werden sie nicht hereinlassen, es kann gar nichts passieren. Wir müssen uns gedulden und uns an die Pestvorschriften halten, bis einige Wochen verstrichen sind. Dann wird das Leben wieder normal.

SCHMIED Warum sind denn die Geldsäcke abgehauen? Weil nichts passieren kann?

RATSHERR Die reichen Leute nehmen sich eben wichtiger als wir andern.

WIRT Als welche andern? Bin ich vielleicht nicht auch ein Mensch?

RATSHERR Aber natürlich bist du ein Mensch, wie alle andern Menschen auch.

WIRT Ich bin ein Mensch, und ich will leben.

RATSHERR Du lebst ja. Du wirst alt werden und Geld verdienen.

WIRT Das will ich hoffen, sonst Gnade Gott.

ISABELLE Wir fahren auch weg, gell Friedrich.

RATSHERR Wir bleiben hier. Wir dürfen jetzt nicht weglaufen.

ISABELLE Wir wollten aber ohnehin aufs Land fahren, Friedrich.

RATSHERR Ich habe hier meine Pflichten.

WIRT Beherrschen Sie sich bitte. Wir müssen uns alle beherrschen.

ISABELLE Aber ich will nicht sterben, ich will nicht sterben.

RATSHERR Beruhige dich doch, Isabelle, es passiert nichts.

AUGUSTIN *ist erwacht* Wer will nicht sterben?

SUSANNE Niemand will nicht sterben, niemand.

AUGUSTIN Jemand hat geschrien: Ich will nicht sterben.

ISABELLE Ich war das, ich, ich. Schauen Sie mich an. Muss ich sterben? So helfen Sie mir doch.

AUGUSTIN Du wirst ein schönes Alter haben.

ISABELLE Jawohl, ich werde alt sein. Ich bin schon alt. Ich habe noch gar nicht richtig gelebt.

RATSHERR So komm doch her, Isabelle, versuch, dich zu beruhigen.

ISABELLE Warum willst du mir nicht helfen? Warum nicht?

AUGUSTIN Du wirst weißes Haar haben und ein schönes Gesicht.

ISABELLE Ich will jetzt ein schönes Gesicht haben. Mein Haar ist noch blond. Nicht weiß, sondern blond. So sag doch etwas.

AUGUSTIN Schön blond.

RATSHERR Jetzt hör auf, Isabelle, das wird peinlich. Lass dich nicht so gehen. *Er führt sie an den Platz zurück.*

ISABELLE Ich habe blondes Haar, und ich bin schön.

RATSHERR Aber sicher bist du schön. Komm, trink einen Schluck.

SCHMIED Wo hast du eigentlich den aufgefischt?

WIRT Frag die Susanne.

SUSANNE Wir haben einen Schankburschen gebraucht, und er ist unser Schankbursche.

WIRT Da habt ihr's. Er ist jetzt unser Schankbursche.

SUSANNE Seit er hier arbeitet, geht's besser.

WIRT Er ist ein Vagant, ein hergelaufener Halunke. Jetzt schläft er wieder. Er erwacht nur, um Wein zu trinken. Dann schläft er gleich wieder ein.

SUSANNE Er ist müde.

WIRT Von was denn? Er arbeitet überhaupt nichts.

SUSANNE Doch, er arbeitet, wenn man es ihm sagt.

WIRT Es ist zum Kotzen. Sie will ihn zu meinem Schwiegersohn machen.

SCHMIED Was? Den da? Der will doch nur leben.

WIRT Ich habe ihn hinausgeworfen. Aber sie hat ihn gleich wieder geholt.

SUSANNE Er ist ein Musikant.

SCHMIED Auch das noch.

WIRT Ja, auch das noch. Er schläft auf einer Orgel.

SUSANNE Er kann spielen drauf und singen.

WIRT Und von so einem hat sie sich den Kopf verdrehen lassen. Schäm dich. Deine Mutter würde sich im Grabe umdrehen, wenn sie das wüsste.

SUSANNE Woher weißt du das?

WIRT Werd ja nicht frech, sonst gibt's Schläge. Ich habe hier nichts mehr zu sagen. Sie weiß alles besser.

SCHMIED Dass der jetzt schlafen kann.

WIRT Er schläft immer. Vier Viertel Wein! Seht ihr, er hört nichts.

SUSANNE Aufwachen, Augustin, aufwachen.

AUGUSTIN Was ist? Dein Haar ist blond, und du bist schön.

SUSANNE Nicht träumen jetzt. Vier Viertel Wein!

AUGUSTIN Aha, vier Viertel Wein. *Er schenkt ein.* Einen für die Tante Hilda, einen für die Oma Ida, einen für die Tante Hanna und einen für den lieben Augustin.

SUSANNE Gib her.

WIRT Ich werd' verrückt, ich werd' verrückt. Ist das meine Wirtschaft, oder ist das nicht meine Wirtschaft? Der bleibt nicht lange hier, das sage ich dir.

SCHMIED Ich verstehe dich nicht. Fahrendes Pack können wir jetzt wirklich nicht brauchen.

WIRT Was soll ich machen? Ich bin nicht mehr Herr im Hause. Sie macht mit mir, was sie will.

SCHMIED Du musst dir wieder eine Frau suchen, dann geht's besser.

WIRT Das ist leicht gesagt. Woher nehmen?

SCHMIED Habe ich recht oder nicht?

SUSANNE Ich denke an die Wirtschaft.

WIRT Hört ihr das? Hört ihr das?

ISABELLE Ist sie verliebt?

SUSANNE Was geht Sie das an?

ISABELLE Werden Sie ja nicht frech, kleines Fräulein.

SUSANNE Ich habe Sie gefragt, was Sie das angeht.

ISABELLE Das ist unerhört, wie die sich benimmt.

RATSHERR Jetzt beruhige dich doch.

SCHMIED Ich verstehe die Frauen nicht, dass sie auf so Pack hereinfallen. *Zum Wirt.* Und dich verstehe ich auch nicht.

WIRT Was soll ich machen? Soll ich meine eigene Tochter
hinauswerfen?

RATSHERR Das ist das Musikantenblut, das sie spürt.

ISABELLE Was verstehst denn du von Musikantenblut.

RATSHERR Nicht viel natürlich, nicht viel.

ISABELLE Nichts verstehst du, gar nichts.

RATSHERR Aber Isabelle.

WIRT Ein Zigeuner ist er.

RATSHERR Deine Susanne ist groß und hübsch geworden.

SUSANNE Ich bin erwachsen, und ich weiß, was ich will.

RATSHERR Jaja, die Zeit vergeht, die Zeit vergeht.

ISABELLE Du wirst auch nicht jünger.

RATSHERR Habe ich das behauptet?

ISABELLE Aber du schaust sie an.

RATSHERR Also ich weiß nicht, seit die Pest in Neustadt
ist, kann ich nicht mehr mit ihr reden.

SCHMIED Man müsste wegfahren. Wer es sich leisten kann,
fährt jetzt weg.

ISABELLE Wir können es uns doch leisten, Friedrich.

RATSHERR Wir könnten, aber wir wollen nicht.

ISABELLE Du willst nicht, du allein. Ich will.

RATSHERR Wer will ausgehen am Abend, ich oder du? Ich
würde jetzt zu Hause sitzen und schlafen. Schlafen ist
gesund. Was wir jetzt brauchen, ist Gesundheit. Ich bin
gesund.

ISABELLE Mache ich dich etwa krank?

RATSHERR Du machst mich nicht krank, Isabelle, niemand
wird krank. Aber du erträgst den Gedanken an den Tod
nicht. Der Tod ist da, mitten im Leben. Er wartet, wir
gehen auf ihn zu. Ganz langsam, aber wir gehen. Das
hat alles seine Ordnung.

ISABELLE Das ist eine Unordnung.

RATSHERR Die Ordnung wird vom Rat gewährleistet. Da kann man sich drauf verlassen.

ISABELLE Auf dich?

RATSHERR Auf den Rat. Und ich gehöre zum Rat.

SCHMIED Erst bekommst du eine Hitze, wie Fieber. Dann musst du niesen, wie bei Schnupfen, aber du hast keinen Schnupfen, du musst nur niesen, und zuletzt bekommst du Beulen, am ganzen Leib Beulen. Dann stirbst du.

ISABELLE Hören Sie auf zu reden.

SCHMIED Warum? Man muss wissen, wie es anfängt.

ISABELLE Es fängt gar nicht an.

WIRT Ich habe ein Rezept.

ISABELLE Was für eins?

WIRT Man macht einen Brei aus vier gebratenen Zwiebeln, aus Sauerteig, Seife, Theriak, Milch, aus einem Löffel Skorpionöl und zwei Eidottern. Das schmiert man auf die Beulen. Das hilft.

ISABELLE Schreib's auf.

RATSHERR Warum denn?

ISABELLE Schreib's auf. *Ratsherr schreibt.*

WIRT Vier gebratene Zwiebeln, Sauerteig, Seife, Theriak, Milch, ein Löffel Skorpionöl und zwei Eidotter.

RATSHERR Zwei Eidotter?

ISABELLE Hast du alles?

RATSHERR Ja.

ISABELLE Das hilft?

WIRT Das hilft. *Augustin schnarcht.* Jetzt schnarcht er. Hör auf zu schnarchen, sonst helfe ich dir.

SUSANNE Nicht schnarchen, Augustin.

AUGUSTIN Was ist?

SUSANNE Nicht schnarchen.

AUGUSTIN Habe ich geschnarcht?

SCHMIED   Und wie! Das ist eine Schweinerei!

AUGUSTIN   Ich habe nichts gemerkt. Entschuldigung. Noch ein Gläschen für die Tante Berta. *Er trinkt ein Glas.*

SCHMIED   Das ist ein Säufer.

AUGUSTIN   Ein ganz normaler Säufer. *Nickt wieder ein.*

ISABELLE   Wie der schlafen kann!

SCHMIED   Der hat keine Sorgen, der Säufer.

ISABELLE   Und kein schlechtes Gewissen.

SCHMIED   Was wollen Sie damit sagen?

ISABELLE   Ich? Nichts.

SCHMIED   Eben haben Sie gesagt, wir andern müssten ein schlechtes Gewissen haben.

ISABELLE   Was wollen Sie eigentlich von mir, mein Herr?

RATSHERR   Jetzt hör endlich auf, Isabelle.

SCHMIED   Ich lasse mich nicht beleidigen. Ich nicht. Ich nicht. Ich nicht.

RATSHERR   Sie wollte dich nicht beleidigen. Sie ist nervös, sie ist eine Frau.

ISABELLE   Gestern in der Nacht bin ich aufgewacht. Ich habe an meinem Hals Beulen gespürt. Ich bin fast wahnsinnig geworden. Ich bin aufgestanden und habe mich vor den Spiegel gestellt. Es waren keine Beulen da.

RATSHERR   Sei ruhig, Isabelle.

ISABELLE   Du hast keine Ahnung. Beulen am ganzen Körper!

SCHMIED   Man darf niemanden in die Stadt lassen. Dann kann die Pest nicht herein.

WIRT   Manchmal kommt sie mit dem Wind.

ISABELLE   Es gibt Hexen, die die Pest bringen.

RATSHERR   Die werden verbrannt.

ISABELLE   Es gibt Hexen, von denen weiß man nicht, dass sie Hexen sind.

SCHMIED Der Türk ist schuld. Der Türk hat die Pest gebracht.

RATSHERR Der Türk ist die Strafe Gottes.

SCHMIED Die Strafe Gottes ist schuld.

RATSHERR Wir müssen uns zu Gott hinwenden. Er wird uns helfen.

ISABELLE Bist du sicher?

RATSHERR Er wird uns helfen.

SCHMIED Der Türk ist schuld.

Augustin schnarcht.

ISABELLE Warum schnarcht er?

SUSANNE Augustin, nicht schnarchen. Warum schläfst du?

AUGUSTIN Das Dasitzen macht mich müde.

SCHMIED Der Türk ist schuld. Wenn der Türk nicht wäre!

ISABELLE Du bist doch Musikant.

AUGUSTIN Ich bin Musikant gewesen.

ISABELLE Spiel etwas, es ist so leer.

RATSHERR Jetzt beherrsche dich endlich, Liebling.

ISABELLE Ich will mich nicht beherrschen. Ich will Musik.

SCHMIED Der Sautürk.

ISABELLE Sing ein Lied.

AUGUSTIN Es ist verboten.

ISABELLE Was will man jetzt verbieten?

AUGUSTIN Ich spiele schon.

WIRT Moment mal. Wer befiehlt hier eigentlich?

RATSHERR Jetzt nimm dich zusammen, Isabelle.

ISABELLE Ich will jetzt Musik haben. Ich will Musik haben, solange ich noch keine Beulen habe.

RATSHERR Also bitte, wenn du unbedingt willst.

ISABELLE Ich will jetzt. Los, Musik.

WIRT Was soll man machen? Die Leute sind verrückt.

ISABELLE Sing.

AUGUSTIN *singt*

Der Augustin ist hier.

Wo kommt er her?

Wo geht er hin?

Er geht ins Nirgend.

Er kommt aus dem Wo.

Und dieses Wo ist nirgendwo.

ISABELLE Das ist gut. Das Wo heißt Nirgendwo, du singst, und ich bin schön.

SCHMIED Das ist Stumpfsinn.

WIRT Ich sag's ja. Er kann nicht einmal singen.

ISABELLE Ihr versteht nichts von Musik, ihr Schwach-köpfe.

RATSHERR Aber Liebling, jetzt gehst du zu weit.

ISABELLE Das sind Schwachköpfe. Und du bist auch ein Schwachkopf.

RATSHERR Sie ist eine Frau, ihre Nerven halten nicht.

ISABELLE Jawohl, ich bin eine Frau, und ich will leben. Jetzt will ich leben. Sing weiter, Musikant.

AUGUSTIN *singt*

Der Augustin ist hier.

Er trinkt.

Er tanzt.

Er redet von der Pest.

Die Pest ist nicht hier.

Bald ist die Pest hier.

Bald ist der Augustin nicht mehr hier.

SCHMIED Was soll das? Hör sofort auf.

WIRT Jawohl, aufhören. Sofort.

POLIZIST *tritt auf. Er hat ein Halstuch umgebunden.* Was geht hier vor? Sofort aufhören.

AUGUSTIN Bitte.

POLIZIST Ich habe Ihnen doch persönlich verboten, Musik zu machen.

AUGUSTIN Die Dame hat es gewünscht.

RATSHERR Ich habe es erlaubt.

POLIZIST Hier gibt es nichts zu erlauben. Gar nichts wird hier erlaubt.

WIRT Recht hat er. Du Pestsänger.

ISABELLE Das ist doch nicht schlimm. Ein bisschen Musik.

POLIZIST Nicht schlimm? Musik ist der Teufel. Die Pest steht vor der Tür, und Sie amüsieren sich. Ich laufe mir die Beine aus dem Leib, und Sie feiern ein Fest. Das wird nicht erlaubt.

RATSHERR Wir haben für einmal eine Ausnahme gemacht.

POLIZIST Es darf keine Ausnahme geben, keine einzige Ausnahme.

Die Vorschriften müssen ausnahmslos eingehalten werden. *Er niest.* Ich betone: ausnahmslos.

RATSHERR Ausnahmslos.

WIRT *zu Susanne* Bring dem Herrn einen Schnaps.

POLIZIST Sehr gern. Ausnahmslos. *Niest.* Entschuldigung.

ISABELLE Ist Ihnen nicht gut?

POLIZIST Doch, doch, blendend ist mir, ganz blendend.

SUSANNE Der Herr war schon letztes Mal ein bisschen erkältet.

POLIZIST Sie sagen es, mein Fräulein, ein bisschen Erkältung mit Schnupfen. Aber sonst geht es mir ganz blendend.

ISABELLE Schnupfen?

POLIZIST Schnupfen. *Niest.* Entschuldigung. Das geht wieder weg.

WIRT Spüren Sie eine Hitze in sich?

POLIZIST Ja, eine kleine Hitze, wie Fieber. Das Seltsame ist, ich habe kein Fieber. Ich könnte mir das auch nicht erlauben in diesen Zeiten. Jaja, wer hätte das gedacht, wer hätte das gedacht.

SCHMIED Trinken Sie Ihren Schnaps dort drüben an der Theke.

POLIZIST Warum? Hier ist es viel gemütlicher. *Zu Augustin* Habe ich Ihnen nicht deutlich erklärt, Sie sollen Ihre Orgel unters Dach hängen?

AUGUSTIN Ich kann mich nicht trennen von ihr.

POLIZIST Was soll das heißen, Sie können sich nicht trennen? In diesen Zeiten muss man sich im Moment trennen können von allem, was einem lieb ist. Und Orgeln haben hier gar nichts zu suchen, gar nichts, verstanden?

AUGUSTIN Jawohl, mein Herr.

POLIZIST Bitte sehr. Ich muss mich ein bisschen setzen.

WIRT Der Herr hat Ihnen doch eben gesagt, Sie sollen Ihren Schnaps dort drüben an der Theke trinken.

POLIZIST Warum? Habe ich vielleicht die Pest?

RATSHERR Das wollen wir nicht gerade behaupten.

POLIZIST Was wollen Sie nicht gerade behaupten? *Er niest.* Entschuldigung. *Augustin schnarcht.* Warum schnarcht er? Er soll aufhören zu schnarchen.

SUSANNE Augustin, nicht schnarchen.

AUGUSTIN Was ist?

SUSANNE Du machst Lärm.

POLIZIST Sie sollen nicht schnarchen.

AUGUSTIN Bitte sehr. Schnarchen ist verboten.

POLIZIST Nein, aber unanständig. Dass der jetzt schlafen kann. Ein harmloses Gemüt hat er, dieser Musikus. Aber Gott segnet die einfachen Gemüter. Nicht wahr? Nicht wahr?

RATSHERR Jaja, Sie haben recht.

POLIZIST Gott segnet die einfachen Gemüter.

ISABELLE Komm, Friedrich, wir gehen.

POLIZIST Warum denn? Bleiben Sie noch ein Weilchen. Eben ist es hier so gemütlich geworden.

ISABELLE Komm, Friedrich.

RATSHERR Nur ruhig, Isabelle, nur ruhig bleiben.

POLIZIST Da haben Sie recht. Wir müssen jetzt Ruhe bewahren, besonders ... Sie haben eben etwas gesagt.

RATSHERR Was habe ich gesagt?

SCHMIED *zum Wirt* Rück ein bisschen.

POLIZIST Was ist denn? Auch wenn ich Polizist bin, bin ich bloß ein Mensch. In diesen schwierigen Zeiten muss ich manchmal hart sein, weil die Lage hart ist. Das verstehen Sie doch sicher.

RATSHERR Jaja, das verstehen wir gut.

POLIZIST Abgesehen davon, Sie haben gesagt, Sie wollen irgendetwas nicht behaupten.

RATSHERR Das war ein Missverständnis.

POLIZIST Nein nein, ich habe das genau gehört. Was wollen Sie nicht behaupten?

ISABELLE Pass auf, Friedrich.

POLIZIST Aber meine Herrschaften, was ist denn? Man könnte ja meinen, ich sei aussätzig.

ISABELLE Rück her zu mir, Friedrich.

RATSHERR Nur ruhig, Isabelle.

POLIZIST Was haben Sie eigentlich?

RATSHERR Sie haben gefragt: Habe ich die Pest?

POLIZIST Und? Habe ich sie vielleicht?

WIRT Drück nicht so.

POLIZIST Was rücken Sie dauernd von mir weg? Ich bin müde, fühle mich fiebrig, und Sie rücken von mir weg.

WIRT Bleiben Sie, wo Sie sind.

POLIZIST Was ist los? *Niest.* Entschuldigung. Geben Sie mir noch einen Schnaps, kleines Fräulein. Darf ich der Gesellschaft etwas offerieren?

SCHMIED Danke, es ist uns wohl so.

POLIZIST Einen schönen Wein vielleicht? *Niest.* Entschuldigung.

ISABELLE Jetzt hören Sie auf, sich zu entschuldigen.

POLIZIST Wie bitte? *Niest.* Entschuldigung.

ISABELLE Sie sollen sich nicht dauernd entschuldigen.

POLIZIST Das verstehe ich nicht. Das verstehe ich wirklich nicht. Wenn man niest, entschuldigt man sich doch. *Niest.* Sehen Sie. Entschuldigung.

SCHMIED Ja, wir sehen.

POLIZIST Was sehen Sie? Schauen Sie mich an. Ich bin ein gewöhnlicher Mensch. Also, was darf es sein? Ein schöner Nussdorfer?

RATSHERR Wir wollten eben aufbrechen.

POLIZIST Aber nein, jetzt geht es doch erst richtig los. *Singt.* Hopp eins zwei drei, hopp eins zwei drei, hopp eins zwei drei.

ISABELLE Hören Sie auf. So helft ihm doch!

POLIZIST Warum denn? Sie haben eben auch gesungen. Warum gibt es in diesem Lokal eigentlich keine Musik?

WIRT *niest* Entschuldigung.

SCHMIED Was ist los mit dir?

WIRT Was soll mit mir los sein?

SCHHMIED Du hast eben niesen müssen.

WIRT Aber nein, wo denkst du hin. Das war Husten.

SCHMIED Nein, das war Schnupfen.

POLIZIST Bringen Sie uns jetzt einen schönen Nussdorfer, bitte?

WIRT Hörst du nicht, was der Herr sagt? Bring einen Nussdorfer, aber sofort.

SUSANNE Willst du wirklich?

WIRT Wer befiehlt hier, ich oder du?

Susanne holt Nussdorfer.

POLIZIST Ich danke Ihnen, mein Herr, dass Sie mich unterstützen.

WIRT Ich unterstütze Sie überhaupt nicht. Kommen Sie mir ja nicht zu nahe. *Niest.* Entschuldigung.

SCHMIED Das war ganz klar Schnupfen.

WIRT Und? Es hat mich in der Nase gekitzelt. Wahrscheinlich wegen der schlechten Luft.

SCHMIED Mich kitzelt es nicht in der Nase.

WIRT Ja, ist es etwa verboten zu niesen, Herrgott noch mal?

POLIZIST Überhaupt nicht, mein Herr, überhaupt nicht.

WIRT Schweigen Sie, aber sofort.

POLIZIST Warum denn? *Niest.* Entschuldigung. Es ist wirklich eine schlechte Luft hier drin.

WIRT Kommt der Nussdorfer endlich?

SUSANNE Augustin, einen Nussdorfer.

AUGUSTIN Einen Nussdorfer für die Tante Verena.

WIRT Jetzt hör auf mit deinen Tanten. Der Wein ist für uns, nicht für dich. Schweinehund. *Niest.* Entschuldigung. Ich muss mich beim Einkaufen erkältet haben. Ein herrlicher Tropfen. *Er gibt die Flasche der Susanne, sie schenkt ein.* Schweinehund.

SCHMIED Rück ein bisschen zum Herrn hinüber.

WIRT Warum? Mir gefällt's ganz gut hier.

SCHMIED Aber mir nicht.

WIRT Was ist denn los? Zum Wohl.

SCHMIED Rück ein bisschen.

WIRT Was hast du plötzlich?

SCHMIED Ich möchte mich ein bisschen ausbreiten hier, verstehst du, ich fühle mich neben dir beengt.

WIRT Du hast doch Platz genug. Ein herrlicher Tropfen ist das.

POLIZIST Das ist etwas für besondere Tage.

ISABELLE Warum soll heute ein besonderer Tag sein?

POLIZIST Weil wir heute ein Fest feiern, nicht wahr, wir feiern heute ein Fest?

RATSHERR Wir müssen jetzt wirklich aufbrechen.

POLIZIST Aber warum denn? Man muss feiern, wenn man in der Laune ist.

WIRT *niest* Entschuldigung. Ich kann wirklich nichts dafür. Wenn man niesen muss, muss man eben niesen. Da kann man nichts dagegen machen, das ist normal.

POLIZIST Da kann kein Mensch etwas dagegen machen.

ISABELLE Ich halte es nicht mehr aus.

AUGUSTIN *erwacht* Wer hält's nicht mehr aus?

WIRT Schweig endlich, du Pestschläfer.

POLIZIST Jetzt hört doch auf zu schreien. Zum Wohl miteinander. Es soll schmecken.

WIRT Zum Wohl. Auf dass wir lange leben.

DIE ANDERN *zögernd* Zum Wohl.

POLIZIST Der schmeckt.

WIRT Nicht wahr, der schmeckt.

RATSHERR Schließlich könnte es auch …

POLIZIST Was wollen Sie sagen? Sprechen Sie sich ruhig aus.

RATSHERR Wenn man ruhig überlegt ... Es könnte auch ein ganz gewöhnlicher Schnupfen sein.

WIRT Was soll es denn sonst sein? *Niest.* Entschuldigung. Das ist ein ganz normaler Schnupfen, das ist der normalste Schnupfen der Welt.

SCHMIED Fühlst du dich schwindlig?

WIRT Aber wo denkst du hin! Überhaupt nicht. Ich fühle mich wie eine Tanne. Kein Schwindel, nichts.

SCHMIED Und eine Hitze?

WIRT Nicht im Geringsten. Im Gegenteil, ich habe kalt. *Zu Susanne* Bring mir meine Weste. Es ist recht kühl, nicht wahr?

SUSANNE Das kann nicht dein Ernst sein, Vater.

WIRT Keine Widerrede. Mich friert, und fertig.

ISABELLE Dass Sie jetzt kühl haben. Ich schwitze. Ich möchte mich am liebsten ausziehen.

POLIZIST Ich finde es recht kühl hier. Bringen Sie noch einen Wein, das wärmt.

WIRT Ja, bring noch einen Wein, auf meine Rechnung.

POLIZIST Nein nein, ich bezahle heute.

WIRT Sie bezahlen doch schon eine Flasche.

POLIZIST Ja, und die bezahle ich auch.

WIRT Dann bezahle ich die dritte. Wird's bald?

SUSANNE Augustin, zwei Flaschen Nussdorfer.

AUGUSTIN Zwei Nussdorfer. Eine für die Tante Geburt und eine für den Onkel Tod.

POLIZIST Was sagt er?

SUSANNE Er träumt eben.

POLIZIST Das ist ein ganz gescheiter Mensch, das ist ein lustiger Bursche. Eine für die Tante Geburt und eine für den Onkel Tod. Sehr gut, sehr gut. Ich fühle mich wie der Fisch im Wasser.

RATSHERR Keine Hitze mehr?

POLIZIST Ich und Hitze? Nicht im Geringsten. *Susanne schenkt ein.*

WIRT *niest* Entschuldigung. Zum Wohl.

ALLE Zum Wohl.

SCHMIED Warum soll man eigentlich nicht niesen dürfen? *Niest.* So, seht ihr. Ich niese nur zum Spaß, keine Angst, meine Dame, ich niese nur zum Spaß. So. *Niest.* Und entschuldigen muss man sich im Grunde auch nicht.

WIRT Stimmt genau. Warum soll man sich für etwas entschuldigen, das ganz normal ist?

SCHMIED Absolut. Im Grunde muss ich gar nicht niesen. Ich habe es wirklich nur zum Spaß gemacht.

WIRT Spaß muss sein im Leben, Spaß muss sein. Zum Wohl.

ALLE Zum Wohl.

POLIZIST Jetzt wird's gemütlich.

RATSHERR Und wir dachten schon …

POLIZIST Was dachten Sie, mein Herr?

RATSHERR Sehen Sie, niesen kann etwas bedeuten, etwas Bestimmtes. Verstehen Sie mich recht. Ich habe gesagt: kann etwas bedeuten, ich habe nicht gesagt: muss etwas bedeuten.

POLIZIST Wie bitte?

RATSHERR Ich habe gesagt: Niesen kann etwas bedeuten. In Ihrem Fall trifft das natürlich nicht zu, auf keinen Fall, verstehen Sie.

WIRT Aber warum denn? Der ist doch kerngesund.

POLIZIST Ich verstehe überhaupt nichts.

RATSHERR Sehen Sie, wir sind alle recht nervös und haben Angst, dass ... dass eben ... Sie verstehen.

WIRT *niest* Entschuldigung.

SCHMIED *schlägt ihm freundschaftlich auf den Rücken* Geht's besser?

WIRT Danke, ja.

POLIZIST Sie haben Angst, dass was?

RATSHERR Dass es etwas ... etwas Fürchterliches bedeuten könnte.

POLIZIST Verstehe ich recht? Sie meinten vorher, dass ich ... dass ich ... Aber nein, wo denken Sie denn hin! Wieso gerade ich? Aber das ist zum Lachen, das ist ja wirklich zum Lachen. *Er lacht, die andern lachen mit.*

WIRT Er hat recht, es ist zum Lachen.

SCHMIED Also wirklich lächerlich, wirklich lächerlich.

RATSHERR *niest* Entschuldigung. Es hat mich gekitzelt.

POLIZIST Es hat ihn gekitzelt.

ISABELLE Gekitzelt. *Hysterisches Lachen.*

RATSHERR So etwas Komisches. Susanne, bringen Sie noch eine Flasche. Das muss gefeiert werden.

POLIZIST Wo denken Sie hin? Ich bezahle. Das ist mein Abend. *Er tanzt herum.* Hopp eins zwei drei, hopp eins zwei drei, hopp eins zwei drei. *Zu Susanne* Du bist ein süßer Braten.

SUSANNE Lassen Sie mich, mein Herr. Augustin, noch eine Flasche.

AUGUSTIN *erwacht* Noch eine Flasche für die Mutter Pest.

POLIZIST Für die Mutter Pest, hahaha. Die Mutter Pest umarmt uns fest, die Mutter Pest umarmt uns fest.

ISABELLE Was hat er? Was sagt er?

RATSHERR Er ist betrunken, lass nur.

POLIZIST Der Vater Tod bringt uns sein Brot, der Vater Tod bringt uns sein Brot. Hahaha. Zum Wohl.

ALLE Zum Wohl.

POLIZIST He, du Musikant, wo hast du deine Orgel?

AUGUSTIN Versorgt, mein Herr.

POLIZIST Warum?

AUGUSTIN Weil es verboten ist, Musik zu machen.

POLIZIST Jetzt doch nicht, wo wir uns einen so schönen Abend machen. Oder hat vielleicht jemand der anwesenden Personen etwas dagegen, dass wir uns einen schönen Abend machen?

ALLE Nein, niemand.

POLIZIST Also los! Heute ist ein einmaliger Abend. Musik!

AUGUSTIN Soll ich wirklich?

POLIZIST Ich befehle es. Vorschrift.

AUGUSTIN *singt*
> Die Pest, mein liebes Kind,
> kommt wie der Wind.
> Mach das Fenster zu,
> sie stößt es auf,
> sie nimmt dich auf
> in ihre Ruh.
> Die Pest, mein lieber Mann,
> fliegt wie der Schwan.
> Mach das Fenster zu,
> sie schlägt es auf
> sie nimmt dich auf
> in ihre Ruh.

POLIZIST Was singst du da von einem Schwan? Das ist Unsinn.

WIRT Jawohl, Unsinn. Das ist kein Gesang. Was hast du hier verloren?

AUGUSTIN Wir schnaufen alle.

WIRT Leute wie du schnaufen bald nicht mehr, verlass dich
drauf.

AUGUSTIN Wir schnaufen alle bald nicht mehr.

WIRT Was sagst du? Schweinehund, Pack!

RATSHERR Ruhe jetzt, Ruhe.

SCHMIED Er soll etwas Lustiges singen, etwas Flottes.

WIRT Jawohl, wir wollen uns amüsieren.

POLIZIST Spiel etwas Flottes, Musikant.

AUGUSTIN Ich kann nichts Flottes, mein Herr.

POLIZIST Was, nichts Flottes? Das wäre ja gelacht! Ein
Musikant und nichts Flottes!

SUSANNE Er ist meistens traurig.

ISABELLE Warum, du Zigeuner? Das Leben ist nicht traurig. Sing weiter. Sing von der Liebe.

AUGUSTIN *singt*
Die Pest, mein liebes Weib,
hat einen jungen Leib.
Mach das Fenster zu,
sie drückt es auf,
sie nimmt dich auf
in ihre Liebesruh.

ISABELLE Was singst du da, du Sänger? Du hast einen jungen Leib, nicht ich, und auch nicht die Pest. Die Pest hat
keinen Leib. Die Pest gibt es gar nicht. Aber dich gibt
es, dich und deinen jungen Leib.

AUGUSTIN Ich singe nur, was mir in den Sinn kommt.

ISABELLE Es kommen dir schöne Dinge in den Sinn.

RATSHERR Aber Liebling.

ISABELLE Sehr schöne Dinge.

POLIZIST Ich befehle dir, etwas Flottes zu singen.

ISABELLE Er ist Musikant, und Musikanten kann man nicht befehlen, nicht wahr, Augustin?

AUGUSTIN *zum Polizisten* Vielleicht können Sie etwas Flottes singen, und ich begleite Sie.

POLIZIST Sehr gut, sehr gut. Achtung, ich singe. Ich singe.

Singt, Augustin begleitet ihn.

> Das Leben ist lustig,
> und kerngesund.
> Das Leben ist durstig,
> das Leben ist rund.
> Liebe macht durstig,
> und kerngesund.
> Liebe macht lustig,
> Liebe macht rund.
> Wir sind lustig,
> und kerngesund.
> Wir sind durstig,
> und kugelrund.

ISABELLE Polonaise!

Die letzte Strophe singen alle mit, sie tanzen. Plötzlich bleibt der Polizist, der die Polonaise anführt, stehen, die Musik hört auf. Ich weiß nicht, es ist mir schwindlig. *Er niest mehrmals hintereinander.* Entschuldigung.

WIRT Warum hat er überhaupt ein Halstuch an?

POLIZIST Mein Halstuch? Ich bin erkältet.

SCHMIED Nimm dein Halstuch weg.

POLIZIST Nein. Sonst erkälte ich mich noch mehr.

WIRT Wegnehmen, sofort.

POLIZIST Ich kann nicht. Bitte, meine Herren. *Schmied und Wirt reißen ihm das Halstuch weg.* Nein.

SCHMIED Das ist eine Beule.

POLIZIST Hilf mir doch.

SCHMIED So einer will noch Hilfe. Du versaust uns den Abend. Du versaust uns das Leben. Du gemeine Sau.

ISABELLE Hilf doch, Friedrich, er schlägt ihn tot.

RATSHERR Tatsächlich, Beulen. Komm, Isabelle. Wir gehen. Ich bezahle morgen.

POLIZIST Aber es ist alles bezahlt.

SCHMIED Behalte dein Pestgeld!

Isabelle, Ratsherr, Schmied ab

WIRT Was habt ihr? Was ist los?

POLIZIST Nichts ist los. Gar nichts. Bring noch eine Flasche.

SUSANNE Er hat die Pest.

WIRT Wer? Der da?

POLIZIST Nein. *Er fällt tot um. Der Wirt holt das Messer.*

WIRT Ich helf dir, wart nur, dir helfe ich. Steh auf. Aufstehen, sofort. Hier wird nicht gestorben. Los, auf die Beine. *Er setzt ihm das Messer an den Hals.*

AUGUSTIN Er kann nicht mehr aufstehen.

WIRT Was?

AUGUSTIN Er stirbt.

WIRT Was suchst du hier?

AUGUSTIN Nichts.

SUSANNE Er ist doch der Augustin.

WIRT Der Augustin? Verbrecher. Du wirst verrecken an der Pest, dafür sorge ich.

AUGUSTIN Dafür sorgt die Pest.

WIRT Die Pest? Er soll aufstehen.

AUGUSTIN Er ist müde.

WIRT Hier wird nicht geschlafen. Fauler Sack, Trunken-
bold. Der ist völlig besoffen. In meiner Wirtschaft wird
nicht geschlafen. Das ist verboten, Schwein. Steh auf,
steh auf, steh auf. *Er sticht ihn.*

SUSANNE Vater, gib das Messer her.

AUGUSTIN Er spürt nichts mehr.

WIRT Das ist unmöglich. Das ist völlig unmöglich. Das
hier ist meine Wirtschaft, hier befehle ich.

SUSANNE Man muss das melden.

WIRT Jawohl, das ist nicht erlaubt. *Zu Augustin* Warum
bist du noch da?

AUGUSTIN Wo soll ich sonst sein?

WIRT Das hier ist ein ehrenwertes Haus.

AUGUSTIN Hier liegt ein ehrenwerter toter Mann.

WIRT Was ehrenwert ist, bestimme ich.

SUSANNE Unternimm etwas.

WIRT Die Polizei muss her. Polizei!
Augustin: Dort liegt die Polizei.

SUSANNE Soll er hier liegen bleiben?

WIRT Kommt gar nicht in Frage. Der muss weg. Und zwar
schnell.

AUGUSTIN Es wird schillern, leuchten, stinken.

WIRT Nichts wird stinken in meiner Wirtschaft. Wir müssen ihn verstecken.

SUSANNE *zum Vater* Wirf ihn in den Keller.

WIRT Jawohl, der gehört ins Loch. *Er schleppt den Polizisten in den Keller.*

SUSANNE Hilf ihm, der ist schwer.

AUGUSTIN Er wird bald leicht sein.

SUSANNE Jetzt hilf! *Sie schleppen den Polizisten in den
Keller.*

Drittes Bild

Zwei Tage später. Wirtschaft. Augustin beim Wein.

AUGUSTIN *singt*
Wie viel Haut vom Tier
habe ich zertreten
an meinen Schuhen!
Wie viel Haar vom Tier
habe ich zerwetzt
an meinem Rock!
Wie viel Frauenliebe,
Beatrice,
habe ich zerlebt
an meinem Leben.

WIRT *tritt auf. Er ist am Sterben, er hat Beulen.* Hör auf. Geh einkaufen.

AUGUSTIN Für wen? Es kommt keiner mehr her.

WIRT Dann räum auf.

AUGUSTIN Geht's dir besser?

WIRT Wie es mir geht? Wie geht es denn dir? *Augustin trinkt.* Du bist nicht zum Trinken hier, sondern zum Arbeiten.

AUGUSTIN Der Keller wird sich füllen, und die Gruben auch.

WIRT Jawohl. Die Fässer werden sich füllen, und die Wirtschaft wird voll sein. Mach vorwärts.

AUGUSTIN Mit was? Du hast etwas am Hals.

WIRT Was? Dir besorge ich einen Strick um den Hals, und zwar bald.

AUGUSTIN Es kommt bald, das stimmt.

WIRT Was kommt bald, was?

SCHMIED *tritt auf* Ist hier eigentlich geschlossen?

WIRT Hier ist offen, offen wie noch nie. *Zu Augustin* Räum jetzt auf. *Augustin bleibt.*

SCHMIED Hast du den immer noch?

WIRT Er soll jetzt einkaufen gehen.

SCHMIED Bring mir einen Nussdorfer. Trinkst du mit?

WIRT Natürlich trinke ich mit. Ich mache überall mit. Ich habe fässerweise Nussdorfer, fässerweise.

SCHMIED Ich will mich betrinken. Es ist keine gute Zeit.

WIRT Das kommt wieder. Man muss nur seinen Wein trinken und abwarten. Dazu ist die Wirtschaft da. Auf was wartest du?

AUGUSTIN Ich trinke meinen Wein und warte.

WIRT Du bist nicht Kundschaft. Der da ist Kundschaft.

AUGUSTIN Wir sind alle Kundschaft.

WIRT Soll ich dir Beine machen?

AUGUSTIN Nicht nötig, ich habe Beine. Zwei erstklassige Beine habe ich. *Er geht in den Keller, Wein holen.*

SCHMIED Draußen sterben Menschen.

WIRT Schau nicht hin. Bleib da, hier sind wir in Sicherheit.

SCHMIED Hier stinkt etwas.

WIRT Was soll hier stinken?

SCHMIED Es stinkt aus dem Keller.

WIRT Ich muss zwei alte Fässer auswechseln. Im Frühling vielleicht, das hat noch Zeit.

AUGUSTIN *kommt mit Wein und Polizistenmütze* Hier bitte.

SCHMIED Woher hast du diese Mütze?

AUGUSTIN Das ist eine ehrenwerte Mütze. Die lag da unten.

SCHMIED Diese Mütze lag da unten? Was liegt sonst noch da unten?

AUGUSTIN Da unten liegen die Vorschriften für Pestzeiten. Ich erlasse jetzt neue Vorschriften für Pestzeiten. Sie lauten: Wein trinken und nicht sterben. Es wird nicht gestorben, meine Herren, das ist verboten. Zum Wohl!

SCHMIED Das ist ein Pestloch.

AUGUSTIN Jawohl. Hier herrscht Ordnung. Hier herrscht die Pest.

SCHMIED Ihr Pesttürken, Türkenbrut! *Ab*

WIRT Was hast du denn? Um Gottes willen, bleib, bleib. Warum bleibt er denn nicht? *Augustin macht Musik.* Bist du wahnsinnig?

AUGUSTIN Noch nicht.

WIRT Zieh diese Mütze aus.

AUGUSTIN Stört sie dich?

WIRT Du bleibst am Leben, das weiß ich genau.

AUGUSTIN Ich glaube, du hast recht.

WIRT Ist das gerecht? Du Pack bleibst am Leben, und mich holt die Pest. Das stimmt, die Pest holt mich. Und das ist ungerecht.

AUGUSTIN Der Tod ist ungerecht, das ist nicht recht, das ist schlecht.

WIRT Warum soll ich sterben?

AUGUSTIN Ich weiß das nicht.

WIRT Mein Gesicht brennt.

AUGUSTIN Ich hole dir kaltes Wasser.

WIRT Rühr mich nicht an, ich habe die Pest.

AUGUSTIN Wasser kühlt.

WIRT Komm mir nicht nahe.

AUGUSTIN Warum willst du nicht?

WIRT Ich brauche keine Hilfe, von dir schon gar nicht. Ich
bin ein starker Mann. Niemand hilft mir, mir nicht. *Ab*

AUGUSTIN *singt*

Wie viel Menschenmut,

Beatrice,

wird zerlebt

in einem Leben?

Die Pest, mein lieber Augustin,

hat mit dir nichts im Sinn.

Mach das Fenster auf,

sie stößt es zu,

lässt dich in Ruh,

lieber Augustin, schnauf.

Schnauf, schnauf. Das ist Blödsinn!

SUSANNE *tritt auf* Sitzt du wieder beim Wein?

AUGUSTIN Ja.

SUSANNE Dir ist nicht zu helfen.

AUGUSTIN Nein.

SUSANNE Wie geht's dem Vater?

AUGUSTIN Er lebt noch.

SUSANNE Was soll das heißen?

AUGUSTIN Es ist so. Er lebt noch.

SUSANNE Er bleibt am Leben. Er ist stark. Er kann doch
jetzt nicht sterben.

AUGUSTIN Sterben kann man immer, wenn man muss. Er
ist voll Beulen. Sie brennen, hat er gesagt.

SUSANNE Und du hilfst ihm nicht?

AUGUSTIN Er lässt sich nicht helfen. Es ist ihm auch nicht
zu helfen.

SUSANNE Hast du eigentlich kein Herz?

AUGUSTIN Doch, es schlägt noch. Da, leg die Hand drauf. Spürst du, wie es schlägt?

SUSANNE Warum bleibst du am Leben? Hilfst du mir dann?

AUGUSTIN Was?

SUSANNE Wenn ich sterbe, nimmst du mich dann in deine Arme?

AUGUSTIN Hör auf. Du bleibst leben.

SUSANNE Nimmst du mich dann?

AUGUSTIN Ich nehme dich immer in die Arme, immer.

SUSANNE Du hilfst mir. *Ab*

AUGUSTIN *singt* Komm zwischen meine Arme.

Ich helfe dir.

Erwarme.

Du bist bei mir.

RATSHERR *tritt auf* Isabelle! Isabelle! Wohin bist du gegangen? Du darfst mich jetzt nicht im Stich lassen! Ich bin dein Mann, und du bist meine Frau. Isabelle! Sie ist weg. Jetzt kommt es drauf an. Jetzt musst du stark sein. Wie stirbt man? Liebe Mitmenschen! Der Tod ist unerforschlich. Er wartet auf jeden von uns, auf dich, auf mich. Aber wann er uns in seine Arme nimmt, wissen wir nicht. Wir wissen nur: Er ist da, und er wird uns packen. Wir haben in einer angenehmen Zeit gelebt. Aber jetzt ist Todeszeit. Pestzeit ist Todeszeit. Und gerade deshalb, liebe Mitmenschen, müssen wir eisern bleiben, streng mit uns selber und auch streng mit unseren Mitmenschen. Wen der Tod packt, der soll erst mal ruhig bleiben. Er soll sich hinlegen und klaglos sterben, denn er ist in Gottes Hand. Wer sich der Qual entgegenstemmt, schadet den Lebenden: Er steckt sie mit seiner Qual an. Es muss jetzt klaglos gestorben werden. Jedes Zetern über tote Mitmenschen, und seien es die treuesten Anverwandten, muss vermieden werden. Jeder erfülle seine Pflicht, sei es jetzt zu leben oder zu sterben, mit voller Kraft und Vermögen. Nur so können wir dieser Geißel Herr werden, nur so können wir unsere Gemeinschaft, unsere Sittlichkeit und unseren Gehorsam gegen Leben und Sterben aufrechterhalten. Liebe Mitmenschen, ich danke Ihnen für Ihren Einsatz. *Ab*

AUGUSTIN *singt*
Regen tropft
auf meine Haut
und klopft.
Lass ihn herein,
ich will nass sein.

ISABELLE *tritt auf* Komm mit.

AUGUSTIN Wohin?

ISABELLE Wo keine Pest ist.

AUGUSTIN Die Pest ist überall. Die Pest ist in uns.

ISABELLE Nein, die Pest ist nicht überall. Es gibt Städte, wo keine Pest ist. *Augustin trinkt.* Dass du jetzt trinken kannst. Mein Mann hat Beulen. Den ganzen Bauch voll Beulen. Grässlich. Ich kann nicht zuschauen, wie er stirbt. Ich bin eine schlechte Frau, aber ich kann es einfach nicht.

AUGUSTIN Er stirbt auch ohne dich. Er wird sich ruhig hinlegen und klaglos sterben.

ISABELLE Meinst du?

AUGUSTIN Vielleicht. Er hat es gesagt.

ISABELLE Er wird schreien, ich weiß es. Sag mir, dass ich keine schlechte Frau bin. Bitte.

AUGUSTIN Du bist eine liebe Frau.

ISABELLE Du bist ein schöner Mann. Weißt du das? Ich bin 38. Findest du mich schön?

AUGUSTIN Ja, ich finde dich schön.

ISABELLE Ich habe noch einige gute Jahre. Die will ich mit dir teilen. Ich will endlich leben. Bis jetzt habe ich nicht richtig gelebt. Komm mit. Ich habe Geld. Ich bin nicht eine so blöde Frau, wie du denkst.

AUGUSTIN Ich finde dich nicht blöd.

ISABELLE Doch, alle finden mich blöd. Mein Mann hat mich so gemacht. Jetzt stirbt er. Der arme Friedrich. Sag, dass ich lebe.

AUGUSTIN Du lebst.

ISABELLE Sag was über mich.

AUGUSTIN Du bist ein Mensch.

ISABELLE Ich bin eine Frau.

AUGUSTIN Du bist eine Frau.
Das heißt: Du bist ein Mensch.
Ich bin ein Mann.
Das heißt: Ich bin ein Mensch.

ISABELLE Was soll das heißen?

AUGUSTIN Das soll heißen, dass wir beide Menschen sind. Wir beide schnaufen noch.

ISABELLE Ich will dich für mich allein haben. Ich will mit dir ein neues Leben anfangen.

AUGUSTIN Das Leben wird alt.

ISABELLE Warum soll das Leben alt werden? Ich will mich ändern. Du kannst mir helfen, mich zu ändern.

AUGUSTIN Was willst du ändern?

ISABELLE Ich werde dir Liebe schenken, das wird mich ändern. Ich kann Liebe schenken, wenn sie jemand will. Glaubst du nicht?

AUGUSTIN Alle wollen Liebe.

ISABELLE Aber nicht alle können sie annehmen. Du kannst das. Du kannst eine Frau ändern.

AUGUSTIN Ich kann nichts ändern.

ISABELLE Doch. Du tust das, ohne dass du willst. Weil du so bist, wie du bist, ob jetzt die Pest ist oder nicht. Ich habe draußen die Toten gesehen. Einige stinken schon.

AUGUSTIN Es schillert, es leuchtet, es stinkt. Das ist die Veränderung, auf die wir warten.

ISABELLE Ich bin fast gestorben vor Angst. Aber jetzt, bei dir, geht's. Ich habe keine einzige Beule, keine einzige. Oder siehst du eine Beule?

AUGUSTIN Deine Haut ist weiß.

ISABELLE Gegen die Angst vor dem Tod hilft nur die Liebe. Glaubst du nicht?

AUGUSTIN Doch. Auch gegen die Angst vor dem Leben.

ISABELLE Bleib bei mir, sonst holt mich die Pest. Nimm du mich.

SUSANNE *tritt auf* Der Vater ist ganz schwarz. Das Gesicht ganz schwarz. Warum?

AUGUSTIN Weil er tot ist.

ISABELLE Komm mit. Ich kann es nicht allein.

SUSANNE Was kann sie nicht allein?

ISABELLE Lass sie. Die ist zu jung für dich. Komm mit mir.

SUSANNE Warum sagt sie, du sollst mit ihr gehen?

ISABELLE Komm jetzt.

AUGUSTIN Ich komme nicht.

ISABELLE Die Beulen sollen dich packen, am Bauch, am Hals, im Gesicht. *Ab*

AUGUSTIN Warum? Warum?

SUSANNE Hast du etwas mit ihr gehabt?

AUGUSTIN Setz dich, komm. Ich helfe dir.

SUSANNE Habe ich euch gestört?

AUGUSTIN Du hast mich nicht gestört.

SUSANNE Rühr mich nie mehr an.

AUGUSTIN Du bist heiß.

SUSANNE Ich wollte dir helfen. Ich habe dir ein Zimmer gegeben, ich habe dich geliebt. Ich dachte, es geht dir besser so. Jetzt hurst du hier herum, während draußen mein Vater stirbt.

AUGUSTIN Ich hure nicht herum, und deinem Vater kann ich nicht helfen.

SUSANNE Das hat er auch nicht nötig, dass du ihm hilfst, so einer wie du. Dreckhaufen.

AUGUSTIN Er war so ein Dreckhaufen wie ich, und ich bin so ein Dreckhaufen wie er, und du bist so ein Dreckhaufen wie er und ich.

SUSANNE *Nimmt das Messer.* Geh weg!

AUGUSTIN Wo soll ich hin?

SUSANNE Wo du hergekommen bist. Ins Pestloch.

AUGUSTIN Die Pest wartet auf dich, Susanne.

SUSANNE Was auf mich wartet, geht dich einen Dreck an, einen Dreck. Ich steche in dich hinein, wenn du nicht gehst. Mörder! Mörder!

AUGUSTIN Du bist wahnsinnig, Susanne.

SUSANNE Deine Musik bringt den Tod.

AUGUSTIN Meine Musik bringt nichts, Susanne.

SUSANNE *nimmt den Schellenbaum*

Du singst den Tod

Du bringst den Tod

Du bist der Tod.

AUGUSTIN Nein, nein, das will ich nicht, das nicht, nein.

SUSANNE

Das ist der Totenbaum.

Der Tod stößt durch den Traum.

AUGUSTIN Das ist der Baum der Beatrice.

SUSANNE

Flieh, du Dreck, die Pest
flieht mit dir durch die Nacht.
Stirb, du Dreck, die Pest
holt dich in ihre Macht.

AUGUSTIN Uns nicht, nein. Beatrice geht über Wiesen, und ich schlafe unter einem Haselbusch. Das Licht bricht durch die Blätter und kitzelt mich in der Nase. Und da ist der Fluss, der kühlt, und ich habe das Geschiebe der Kiesel in den Ohren. Da baden wir drin. Ich hole dich zurück, Beatrice, ich hole dich am Fluss. *Ab*

SUSANNE Die Pest ist ein Wind, der heiß macht. Er gibt Flügel, und man fliegt davon. Was ich brauche, habe ich. *Sie nimmt das Messer.* Oder der Fluss, ein kühler Fluss, der kalt macht. *Ab*

Viertes Bild

Augustin kommt betrunken in die Wirtschaft. Er schleppt eine Leiche mit sich.

AUGUSTIN Komm nur, komm herein, ich habe hier ein Nest, das gibt warm. Da holt dich niemand, da kannst du ruhig schlafen. Doch, ich decke dich zu. Ich decke dich mit meinem Körper zu, mein Körper ist noch warm, der wärmt dich. Das macht nichts, dass du tot bist, du bist immer noch ein Mensch. Und bitte keine Scham, ich stinke auch, ich rieche nämlich schon längst nicht mehr gut. Wir beide stinken wie die Pest, wie die Pest. Die Pest stinkt, im Grunde ist die Pest nichts anderes als eine Sauerei. Wo soll ich mich waschen, wenn nirgends ein Fluss ist? Das mit den Flüssen, das mit dem Baden in den Flüssen, das Geschiebe der Kiesel, das ist vorbei. Und das mit dem Licht, das durchbricht, das ist auch vorbei. Was soll das alles? Hier wird gestorben, und zwar klaglos, wie du gesagt hast. Oder war das ein anderer? Du kannst dich auch nicht erinnern, gell. Es macht alles nichts. Das hier ist der Schellenbaum, der Lebensbaum. Willst du schellen? Nein? Es geht auch ohne. Jetzt bin ich da, aufgetaucht aus irgendeinem Irgendwo, oder Nirgendwo, und wo ist dieses Irgend? Wo? Nirgend. Gar nirgend ist dieses Wo. Aber hier ist eine Wirtschaft, und hier gibt's Wein. Willst du auch? Nein? Komm, wir gehen in den Keller, dort sind die

Fässer, ein Gläschen schadet dir doch nichts, das wärmt, und Nussdorfer wärmt besonders gut. Wenn ich mich recht erinnere, so sitzt da unten noch einer, ein braver Polizist, der trinkt auch gern. Er hat seine Mütze vergessen, die bringen wir ihm jetzt, komm nur, es geht schon, ich helfe dir.

Er schleppt die Leiche in den Keller.

Fünftes Bild

Die beiden Pestknechte Michael und Gabriel schleppen eine Fuhre Leichen herein.

MICHAEL Halt.

GABRIEL Warum Halt?

MICHAEL Meinst du, ich mache mich kaputt mit dieser Schinderei?

GABRIEL Wir müssen in die Grube.

MICHAEL Warum eigentlich? Die liegen überall, es kommen ohnehin nicht alle in die Grube.

GABRIEL Tote gehören in die Grube.

MICHAEL Hier sieht uns auch niemand.

GABRIEL Bist du sicher?

MICHAEL Siehst du hier irgendeinen lebendigen Knochen?

GABRIEL Nein. Aber sicher ist man nur in der Grube.

MICHAEL Ach was. Die sind alle weg. Los, mach schon.

Gabriel schleppt eine Leiche vom Wagen.

Du, das war eine Wirtschaft.

GABRIEL Was sagst du?

MICHAEL Eine Wirtschaft war das. Mit Essen und Trinken.

GABRIEL In eine Wirtschaft kommen Leute.

MICHAEL Du bist wirklich ein Arsch. Die sperren sich doch alle ein.

Er schenkt Wein ein. Hier, Nussdorfer, erstklassig. Zum
Wohl. Auf die Pest.

GABRIEL Auf die Pest.

MICHAEL Herrlich.

GABRIEL Herrlich. Auf unsere schwarzen Brüder und
Schwestern.

MICHAEL Auf ihre verschlossenen Mäuler. *Sie trinken.*

GABRIEL *sieht Susannes Schürze* Schau mal.

MICHAEL Riecht's nach Frau?

GABRIEL Und wie.

MICHAEL Gib her. *Er riecht auch daran.* Das riecht frisch.
Wo die bloß steckt?

GABRIEL Gib her. Die gehört mir. *Bindet sich die Schürze
um.* Wie steht sie mir?

MICHAEL Du bist und bleibst ein Arsch.

*Sie zerren die Leichen von der Fuhre und brechen ihnen
die Mäuler auf, weil sie wissen, dass die Sterbenden ihr
Gold usw. in den Mündern verstecken.*

GABRIEL Nichts.

MICHAEL Ein Ring.

GABRIEL Zeig.

MICHAEL Kupfer. Schweinehund. *Er tritt die Leiche.*

GABRIEL *nimmt ein schönes Mädchen herunter* Schau mal
die an.

MICHAEL Die hat nichts. Die war nur schön.

GABRIEL Aber schön war sie.

MICHAEL Und was haben wir davon?

GABRIEL Nichts.

MICHAEL *hat einen alten Knacker* Den bring ich nicht auf.
Sie öffnen gemeinsam. Der beißt zusammen, als wäre er
der Kaiser persönlich. *Er greift hinein.* Da ist was.

GABRIEL Was?

MICHAEL Eine Uhr.

GABRIEL Läuft sie?

MICHAEL Nein.

GABRIEL Zieh sie auf. *Michael zieht sie auf.* Und?

MICHAEL Sie läuft.

GABRIEL Wir müssten die Kerle früher erwischen, wenn sie noch warm sind. *Nimmt eine dicke Frau* Wetten, dass da was klimpert?

MICHAEL Die hat nichts gefressen als Kohl und Rüben.

GABRIEL Gerade die haben Gold zwischen den Zähnen. Los, mach auf, fette Sau. *Es kollern Münzen heraus.* Das ist ein Fang!

MICHAEL Lauter Kleingeld, du Arsch. Damit kannst du nichts kaufen als Kohl und Rüben.

GABRIEL So ein Pech.

MICHAEL Nein, das ist nicht Pech. Wir müssen eine andere Straße beschaffen, eine mit reichen Leuten.

GABRIEL Die Leute hier sind nicht arm.

MICHAEL Das weiß ich auch, du Arsch. Aber sie hauen ab, wenn sie sterben, die Reichen hauen ab. Wir müssen eine Straße beschaffen, wo die Reichen sterben. Den ganzen Tag diese Schinderei, und nichts als Kohl und Rüben.

GABRIEL Wir haben immerhin die Uhr.

MICHAEL Was willst du heute mit einer Uhr? Entweder du stirbst oder du stirbst nicht, das ist die einzige Zeit, die es gibt. Und wenn du stirbst, ist es immer zu früh, dazu brauchst du keine Uhr.

GABRIEL Vielleicht haben wir mit der nächsten Fuhre Glück.

MICHAEL Mit so einem Arsch wie dir hat man nie Glück.

GABRIEL Such dir doch einen andern Pestler. Du findest ja keinen.

MICHAEL Halt dein Maul. Wirf sie hinunter.

GABRIEL Wo hinunter?

MICHAEL Dort ist ein Loch, du Arsch. Mach endlich die Augen auf.

GABRIEL *will eine Leiche in den Keller werfen* Du, da unten hockt einer.

MICHAEL Was?

GABRIEL Und zwei liegen. Aber die sind tot.

MICHAEL Hat der, der hockt, etwas gesehen?

GABRIEL Keine Ahnung.

MICHAEL Ein Pestler?

GABRIEL Er schaut nicht so aus.

MICHAEL *geht hin* Komm herauf.

AUGUSTIN Nein.

MICHAEL Also los. *Augustin kommt herauf. Sie halten ihn mit ihren Stangen in Schach.* Bist du ein Pestler?

AUGUSTIN Nein. Woher kommt ihr?

MICHAEL Das fragen wir dich.

AUGUSTIN Ich komme aus dem Nirgendwo, von dem man nicht weiß wo.

GABRIEL Der ist übergeschnappt.

MICHAEL Moment.

GABRIEL Der ist ungefährlich.

MICHAEL Warum hockst du im Keller unten mit zwei Toten?

AUGUSTIN Weil ich keine Lebendigen gefunden habe. Jetzt habe ich euch gefunden.

MICHAEL Hast du ihnen etwa die Kassen geöffnet? *Macht eine Geste zum Mund.*

AUGUSTIN Ich wollte ihnen Wein geben, aber sie wollten nicht.

MICHAEL Er ist wirklich hinüber. Und du hast nichts gesehen und gehört?

AUGUSTIN Ich habe den Tod gesehen.

MICHAEL Und wie sieht er aus, dein Tod?

AUGUSTIN Er hat kein Aussehen.

GABRIEL Lassen wir ihn. Er soll uns helfen.

MICHAEL Wenn du dein Maul auftust und etwas sagst, zum Beispiel von eingeschlagenen Zähnen oder so, landest du da unten mit eingeschlagenem Schädel. Verstanden?

AUGUSTIN Das will ich nicht.

GABRIEL Los, an die Arbeit.

AUGUSTIN Ich bin Schankbursche.

GABRIEL Die Wirtschaft ist geschlossen. Du bist jetzt Totengräber.

AUGUSTIN Im Grunde bin ich Musikant.

MICHAEL So spiel was.

GABRIEL Er soll helfen.

MICHAEL Halt jetzt das Maul, du Arsch. Versorg die. *Gabriel versorgt die Leichen in den Keller. Augustin spielt.* Sing was.

AUGUSTIN Ich kann nicht singen.

MICHAEL Sing!

AUGUSTIN

Das Leben ist lustig
und kerngesund.
Das Leben ist durstig.
Das Leben ist rund.
Liebe macht durstig
und kerngesund.

Liebe macht lustig.
Liebe macht rund.
Wir sind lustig
und kerngesund.
Wir sind durstig
und kugelrund.

MICHAEL Das ist Unsinn, was du da singst. Unsinn, verstehst du?

AUGUSTIN Stimmt, das ist Unsinn.

MICHAEL Warum singst du Unsinn, wenn du weißt, dass es Unsinn ist?

AUGUSTIN Weil ich Angst habe. Er soll die Schürze ausziehen.

GABRIEL Wie bitte?

AUGUSTIN Das ist die Schürze der Susanne.

GABRIEL So. Und wo ist deine Susanne?

AUGUSTIN Sie war heiß. Sie wird tot sein.

GABRIEL Und die Schürze stört dich?

AUGUSTIN Nein.

MICHAEL Vor mir musst du keine Angst haben, und vor ihm noch weniger. Komm her, trink etwas, wir sind auch Menschen.

GABRIEL Er soll mir helfen, den Dicken hinunterzuwerfen.

AUGUSTIN Ich habe schon zwei hinuntergetragen.

GABRIEL Also komm her. *Augustin hilft beim Dicken.*

MICHAEL Waren ihre Mäuler zu?

AUGUSTIN Ich glaube ja.

MICHAEL Dann schau nach. *Gabriel schaut nach.* Du bist ein ziemlich brauchbarer Bursche. Komm her. Zum Wohl. Auf die Pest.

AUGUSTIN Zum Wohl. Das Leben ist ein Genuss, nicht wahr?

MICHAEL Kommt drauf an. Jetzt zum Beispiel ist das Leben ein Genuss.

AUGUSTIN Auf das Leben.

MICHAEL Auf unser Leben.

GABRIEL *kommt hoch* Nichts zwischen den Zähnen. Einer war Polizist.

MICHAEL Gut so.

AUGUSTIN Wie macht ihr das?

GABRIEL Was?

AUGUSTIN So viele Tote wegschleppen.

GABRIEL Wir sind Pestler. Das ist unser Beruf.

MICHAEL Tote sind anständig. Sie wollen nichts von dir.

AUGUSTIN Habt ihr keine Angst?

GABRIEL Vor was?

AUGUSTIN Das sind doch Menschen.

MICHAEL Aber wir leben. Das ist der Unterschied.

AUGUSTIN Ihr kommt auch einmal in die Grube.

MICHAEL Sag das nicht noch einmal. Los, Musik, ich will tanzen.

AUGUSTIN Ich weiß nicht, was euch gefällt.

MICHAEL Bist du Musikant oder nicht?

AUGUSTIN Es ist so leer hier.

GABRIEL Wir sind da. Genügt das nicht?

AUGUSTIN

Der Tod ist ein Mädchen,
das leben will.
Die Pest ist ein Mädchen,
das lieben will.
Ihr beide seid Schaufler,
ihr schaufelt zu viel.
Ich bin ein Vogel,
der sterben will.

MICHAEL Du bist wirklich ein komischer Vogel. Warum
    willst du sterben?

AUGUSIIN Weil ich nicht mehr leben will.

GABRIEL Auf die Pest. *Sie trinken.*

AUGUSTIN Auf den Tod.

MICHAEL Auf uns drei. Auf uns drei Schaufler. Wir schau-
    feln zu viel, wir schaufeln zu viel. *Lacht.* Aber wir fin-
    den zu wenig. Weiter jetzt. Wir wollen tanzen.

Augustin spielt. Sie tanzen. Susanne tritt auf.

GABRIEL Schau an.

SUSANNE Kein Fluss, der kalt macht, kein Wasser. Ich kann
    nicht sterben.

AUGUSTIN Ich helfe dir.

GABRIEL Jetzt bin ich an der Reihe.

MICHAEL Die ist schon tot.

SUSANNE Wer sind diese beiden?

AUGUSTIN Freunde, die gern tanzen.

Augustin spielt und singt, Gabriel tanzt mit Susanne.

AUGUSTIN
    Der Tod ist ein Mädchen,
    das leben will.
    Die Pest ist ein Mädchen,
    das lieben will.
    Das Mädchen will leben,
    Das Mädchen will lieben,
    Das Mädchen muss sterben.

Gabriel versucht, Susanne zu entkleiden.

AUGUSTIN Lass das.

GABRIEL Ich tanze dich in den Himmel.

MICHAEL Schön ruhig bleiben. Er will ihr ja bloß helfen. Los, weiterspielen.

AUGUSTIN Er soll aufhören.

MICHAEL Willst du zu den andern runter?

AUGUSTIN Sie stirbt.

SUSANNE Nimm mich, nimm mich. *Sie umarmt Gabriel.*

GABRIEL Pfui Teufel, die stinkt ja schon.

AUGUSTIN Ich tanze mit dir, Susanne. Der Tod ist sanft.

SUSANNE Der Tod ist sanft? *Sie ist tot.*

GABRIEL Kaum findest du ein annehmbares Luder, stirbt sie dir unter den Händen weg.

AUGUSTIN *schließt Susanne die Augen* Schlaf gut.

MICHAEL Geh weg.

AUGUSTIN Warum?

Michael reißt ihr das Silberkettchen weg.

GABRIEL Und?

MICHAEL Tatsächlich Silber.

AUGUSTIN Sie hat es von ihrem Großvater.

MICHAEL Sonst ist nichts.

AUGUSTIN Warum sterbt ihr eigentlich nicht?

MICHAEL Uns braucht man eben. Irgendwer muss doch erben. Versorg sie.

AUGUSTIN Nein, die bleibt.

MICHAEL So, und warum?

AUGUSTIN Weil die mir gehört.

MICHAEL Dir gehört gar nichts, verstanden, dir gehört nicht einmal dein Leben.

AUGUSTIN Und du gehörst der Pest. Sie wird dich packen, bis du dampfst und zerplatzest.

MICHAEL Woher hast du diese Gescheitheit?

AUGUSTIN Dir steht's im Gesicht.

MICHAEL Und dich packt's im Gesicht. *Er drückt ihm das Gesicht ins Genick. Augustin geht in die Knie, fällt um, bleibt liegen. Zu Gabriel* Versorg sie endlich. *Gabriel versorgt Susanne.* Schau mich an. Schau mich an. Was steht mir im Gesicht?

GABRIEL Nichts.

MICHAEL Was mir im Gesicht steht, sollst du mir sagen.

GABRIEL Nichts, gar nichts.

MICHAEL Gnade dir Gott, wenn du lügst.

GABRIEL Ich lüge nicht, bei Gott. Ich versorge ihn.

MICHAEL Lass ihn liegen, das Schwein.

Sie gehen ab.

Sechstes Bild

Augustin liegt immer noch am Boden. Er erwacht, fasst sich das Gesicht an.

AUGUSTIN Nein, nein, eine Beule ist das nicht.
  Hier sitzt der Augustin,
  Er greift sich an die Nase.
  Die ist noch ganz,
  Ich bin noch ganz.
  Wer will das hören?
  Kein Ohr,
  Kein Maul, das sich auftut und etwas sagt.
  Rappelt sich hoch, trinkt Wein. Auf das Leben!

SCHMIED *tritt auf, gepanzert und bewaffnet* Da schreit einer. Wer schreit da? Wo steckst du? Zeig dich, Pesttürk.

AUGUSTIN Ein Mensch. Komm her, setz dich, sag was, sag was. Mach Sätze.

SCHMIED Hab' ich dich endlich, Heidentürk, Feigtürk, Pesttürk, hab' ich dich aufgespürt in deinem Hinterhalt. Hinterhältler!

AUGUSTIN Ich verstehe kein Wort. Aber red nur, red, sag Wörter.

SCHMIED Du willst mich nicht hören, aber du hörst mich.

AUGUSTIN Du schreist zwar Unsinn, aber du schreist.

SCHMIED Unsinn? Du wehrst dich vergebens, Falschtürk, diesmal rinnst du mir nicht durch die Finger. Stell dich, stell dich.

AUGUSTIN Wohin soll ich mich stellen? Ich kann kaum sitzen.

SCHMIED Ich oder der Türk, da gibt es keine Wahl, und ich habe gewählt.

AUGUSTIN Ich will leben, verstehst du?

SCHMIED Ich will leben, und ich werde leben. Komm her, sei ein Mann.

AUGUSTIN Warum soll ich keine Frau sein?

SCHMIED Der Türk ist ein Mann.

AUGUSTIN Du schwankst.

SCHMIED Lügentürk, Verdrehertürk, Falschtürk.

AUGUSTIN Du fällst gleich um.

SCHMIED Ich stehe wie ein Fels. An mir wird die Türken-flut abbranden. Pestbringertürk, mich schaffst du nicht.

AUGUSTIN Komm, setz dich.

SCHMIED Nein.

AUGUSTIN Auch die Türkenkämpfer müssen hin und wie-der sitzen.

SCHMIED Gut, ich sitze. Ich sitze für eine Minute, dann geht's um deine Haut.

AUGUSTIN Meine Haut ist beulenfrei, beulenfrei, verstehst du, es ist zum Lachen. Alle sterben, und ich lebe. War-um?

SCHMIED Warum? Warum?

AUGUSTIN Dir geht's schlecht, Türkenkämpfer. Komm, nimm dein Visier weg, trink was.

SCHMIED Das Visier bleibt geschlossen, bis die Türkenpest aus unserer Stadt vertrieben ist.

AUGUSTIN Hier ist kein einziger Türke, nur die Pest.

SCHMIED Und du? Wer bist du?

AUGUSTIN Ich bin der Augustin. Ich war Musikant, Schankbursche und Totengräber. Und du?

SCHMIED Der Augustin? Der Vagant? Der Halunke?

AUGUSTIN Ja, der Halunke. *Er nimmt ihm das Visier weg.* Aha, du bist's. Du lebst auch noch. Komm, wir trinken was.

SCHMIED Aber nur ein Glas. Seid wachsam, Leute, der Feind ist in der Stadt.

AUGUSTIN Zum Wohl.

SCHMIED Zum Wohl. Auf den Sieg. Du hast doch Lieder gesungen?

AUGUSTIN Ja.

SCHMIED Dann sing, sing, sing.

AUGUSTIN Mir ist nicht ums Singen.

SCHMIED Mir auch nicht, mir ist so heiß. Warum sind alle tot? Wir haben doch hier einen fröhlichen Abend gehabt.

AUGUSTIN Wir zwei leben, und wir bleiben zusammen.

SCHMIED Wir zwei bleiben zusammen, und wir singen jetzt zusammen. Du hast doch damals ein Lied von der Pest gesungen? *Augustin singt, der Schmied fällt dann auch ein.*

AUGUSTIN

Die Pest, mein lieber Mann,
fliegt wie der Schwan.
Mach das Fenster zu.
Sie schlägt es auf,
sie nimmt dich auf
in ihre Ruh.

SCHMIED *allein* Sie nimmt dich auf in ihre Ruh. Ein schönes Lied. Wenn es nur so ist mit der Ruh. Aber du bist Poet, und Poeten sagen die Wahrheit. Das stimmt doch?

AUGUSTIN Ich weiß es nicht.

SCHMIED Doch, die sagen die Wahrheit. Gerade in Zeiten wie jetzt braucht man Leute, die die Wahrheit sagen und trösten. Komm, komm her. Du bist ein lieber Kerl, ein tapferer Kerl. *Er umarmt ihn, Augustin sieht seine Beule.*

AUGUSTIN Man muss die Wahrheit sagen, wenn die Welt stirbt.

SCHMIED Meinst du eigentlich, ich weiß nicht, dass da eine Beule ist? Aber ich stehe. Ich stehe auch mit einer Beule. Mein Panzer schützt mich.

AUGUSTIN Bleib sitzen. Hilf mir und bleib.

SCHMIED Wo ist mein Schwert?

AUGUSTIN Was willst du mit einem Schwert?

SCHMIED Ich kämpfe. Zu den Waffen, Männer. Das Visier aufgesetzt!

AUGUSTIN So siehst du ja nichts. Schau mich an. Ich will nicht allein sein.

SCHMIED Visier runter, Männer. Auf in den Kampf. Für unsere Frauen und Kinder. *Ab. Die Pistole vergisst er.*

AUGUSTIN *nimmt den Schellenbaum*

Hier ist der Augustin.

Er geht herum.

Er lacht.

Er weint.

Er macht Musik.

Macht Musik mit dem Schellenbaum.

Er sagt Sätze:

Das Leben ist wichtig,

weil es wichtig ist,

weil Leben wichtig ist

und der Tod unwichtig.

Schreit die Toten im Keller an. Der Tod ist unwichtig. Warum seid ihr tot? Warum lebt ihr nicht? Los, jetzt wird gelebt. Tot sein kann man noch lang genug.

BEATRICE *tritt auf* Augustin.

AUGUSTIN *aus dem Keller* Da war eine Stimme. Nicht weggehen, warten.

Ich komme.

Ich bin da.

Der Augustin ist hier.

Die Pest ist nicht hier.

Der Tod ist nicht hier.

BEATRICE Augustin. Du lebst.

AUGUSTIN Ich werde immer leben. Immer.

BEATRICE Kennst du mich nicht?

AUGUSTIN Warum bist du weggegangen? Hier, nimm den Baum, komm her. Uns kriegt der Tod nicht. *Er gibt ihr den Schellenbaum.* Los, schellen.

BEATRICE Das ist vorbei.

AUGUSTIN Was ist vorbei? Warum bist du zurückgekommen?

BEATRICE Weil ich dich sehen wollte.

AUGUSTIN Jetzt siehst du mich. Und, was siehst du?

BEATRICE Ich wollte dich noch einmal sehen.

AUGUSTIN So. Und warum?

BEATRICE Ich will nicht ohne dich sterben.

AUGUSTIN Los, schellen.

BEATRICE Ich habe die Pest und sterbe.

AUGUSTIN Das ist nicht möglich.

BEATRICE Schau. *Sie zeigt ihm die Beule.*

AUGUSTIN Nein.

BEATRICE Willst du mich nicht mehr?

AUGUSTIN Ich sterbe mit dir.

BEATRICE *tröstet ihn* Mein lieber Augustin. Du wirst ein
alter Mann werden mit schneeweißem Haar.

AUGUSTIN Ich will kein schneeweißes Haar. Ich will dich.
Ich will die Pest.

BEATRICE Hier, nimm sie.

AUGUSTIN Ich kann sie nicht nehmen. Ich weiß nicht, wo
sie steckt. Sie nimmt mich nicht. Sie will mich nicht.

BEATRICE Mich will sie. Auch hier, unter dem Arm.

AUGUSTIN Du musst leben. Du wirst leben.

BEATRICE Hör auf zu lügen.

AUGUSTIN Ich lüge nicht. Du musst leben, das ist die
Wahrheit.

BEATRICE Kein Mensch muss leben.

AUGUSTIN Viele überleben es. Es dauert einige Tage, dann
ist es überstanden. Ich pflege dich, warte, ich pflege dich
gesund. *Holt einen Zuber Wasser.*

BEATRICE Rede über den Tod.

AUGUSTIN Kein Wort über den Tod. Kein Wort über diesen Mörder.

BEATRICE Du hast gesagt, es gibt nichts Schöneres als einen Stein, der in der Sonne liegt. Oder im Regen. Dann
leuchtet er. Erzähl mir davon.

AUGUSTIN Du bist kein Stein. Du schnaufst, und du wirst
schnaufen.

BEATRICE Ich schnaufe heiße Luft.

AUGUSTIN Ich wasche deine Beulen weg, wart nur, dann
wird dir kühl.

BEATRICE Es schillert, es leuchtet, es stinkt …

AUGUSTIN Nichts stinkt.

BEATRICE Es verändert sich.

AUGUSTIN Nichts verändert sich. Alles bleibt so, wie es ist. Und wir beide bleiben zusammen, wir gehören doch zusammen. Ich liebe dich doch, Beatrice.

BEATRICE Ich weiß, Augustin. Deshalb bin ich wieder da.

AUGUSTIN Also schweig. Nichts sagen, gar nichts sagen. Stell dich hinein. *Stellt sie in den Zuber.* Ist es zu kalt?

BEATRICE Nein.

AUGUSTIN Waschen, schön sauber waschen, bis deine Haut frisch ist. Frisch wie Pfirsich, violett.

BEATRICE Ich werde dich noch im Tod lieben.

AUGUSTIN Schweig. Du liebst mich jetzt. Wir werden immer beieinander sein.

BEATRICE Trag mich in den Fluss.

AUGUSTIN Ja, das ist gut. Wir werden im Fluss schwimmen. Den ganzen Tag und die ganze Nacht, wir werden uns treiben lassen.

BEATRICE Das Geschiebe der Kiesel in den Ohren.

AUGUSTIN Und das Licht, das durch die Bäume bricht und dich in der Nase kitzelt. Weißt du noch?

BEATRICE Hilf mir, Augustin. *Sie stirbt.*

AUGUSTIN Klar, ich helfe dir, ich helfe dir immer. Das war ein Missverständnis, dass du weggegangen bist, nichts weiter. Ich trage dich, wohin du willst, über Wiesen und durch den Wald. So, jetzt noch das linke Bein. Gib mir dein linkes Bein, Beatrice, bitte. Bewege dich, bewege dich doch. Steh auf, bleib nicht sitzen, das ist gefährlich, das Wasser ist zu kalt. Komm, ich helfe dir auf. *Er stellt sie auf.* Es geht schon, komm nur, du bist noch ein bisschen schwach in den Beinen vom vielen Gehen. Schau mich an, Beatrice, sag mir etwas. Lass mich nicht allein. Stirb nicht! *Er legt sie auf den Boden.* Ich komme auch, wart nur, gleich bin ich bei dir. *Er nimmt die Pistole.*

GABRIEL *tritt ein* Was tust du?

AUGUSTIN Geh weg.

GABRIEL Harte Zeiten, wirklich harte Zeiten. Gibt's noch Nussdorfer?

AUGUSTIN Die ist tot.

GABRIEL *trinkt* Auf die Pest. *Will Augustin auch ein Glas geben.*

AUGUSTIN Nein.

GABRIEL Und Musik?

AUGUSTIN Nein.

GABRIEL Du wolltest dich erschießen?

AUGUSTIN Ich will mich erschießen.

GABRIEL Komm mit mir.

AUGUSTIN Nein.

GABRIEL Der Chef ist tot. Ich stelle dich an. Ich zwei Drittel, du ein Drittel.

AUGUSTIN Wieso bist du nicht tot?

GABRIEL Ich sechzig, du vierzig. Abgemacht? Da, trink. *Augustin trinkt.* Man muss diese Arbeit zu zweit machen. Allein ist es zu gefährlich.

AUGUSTIN Ich will nicht sterben.

GABRIEL *gibt ihm Michaels Pestlerkleider* Hier sind deine Kleider. Wir suchen uns eine reiche Straße. Hast du die schon kassiert?

AUGUSTIN Das ist die tote Beatrice.

GABRIEL Reich? *Will ihr den Mund öffnen.*

AUGUSTIN Rühr sie nicht an.

GABRIEL Was? Ich sechzig, du vierzig, verstanden.

AUGUSTIN *droht mit der Pistole* Rühr sie nicht an.

GABRIEL Ruhig, nur ruhig, ich rühre sie nicht an.

AUGUSTIN Verschwinde.

GABRIEL Nicht schießen, bitte, nicht schießen. *Ab*
AUGUSTIN *will sich erschießen. Er kann es nicht.* Ich kann
  es nicht.

*Er zieht sich die Pestlerkleider an und stiehlt sich von der
Bühne.*

*Bitte beachten Sie
auch die folgenden Seiten*

Hansjörg Schneider
im Diogenes Verlag

Das Wasserzeichen
Roman

Ende der dreißiger Jahre kommt in einem Schweizer Dorf ein Junge zur Welt, der an seinem Hals eine kiemenartige Öffnung aufweist. In seiner Kindheit findet man Moses Binswanger häufiger in den Bächen und Tümpeln der Umgebung als in seinem tristen Elternhaus. Ins Wasser zieht sich Moses auch zurück, wenn er es unter den Menschen nicht mehr aushält, die ihm mit einer Mischung aus Abscheu und Faszination begegnen. Fasziniert von seiner Wunde zeigen sich vor allem die Frauen. Doch Moses muss erfahren, dass die Liebe ein gefährlicher Strudel ist, der die Liebenden in die Tiefe zu reißen droht – ist Moses Binswanger ein Mörder, eine Gefahr für die Öffentlichkeit?

»So schön, so genau, so sinnlich klar kann Schneider erzählen.«
Beatrice von Matt / Neue Zürcher Zeitung

Nachtbuch für Astrid
Von der Liebe, vom Sterben, vom Tod und von der Trauer darüber, den geliebten Menschen verloren zu haben

»Ich habe beim Verfassen dieses Berichts nicht groß auf stilistische Feinheiten geachtet, ich habe auf Authentizität geschaut. Es ist ein Tagebuch meiner Trauer. Ich könnte Astrid auch einen Stein setzen. Aber da ich nicht Steinmetz bin, sondern Schriftsteller, schicke ich ihr dieses Buch nach in den Tod.«
Als seine Frau Astrid 1997 an Krebs starb, hatten sie und Hansjörg Schneider über dreißig Jahre zusammengelebt. »Die Wahrheit wird sein, dass wir uns von Anfang an geliebt haben, ein Leben lang.« Nach ihrem

Tod führte Hansjörg Schneider ein Jahr lang ein Tagebuch. Entstanden ist ein persönliches Buch über eine große Liebe.

»Einerseits ist *Nachtbuch für Astrid* die Beschreibung der existentiellen Krise des verlassenen, überlebenden Ehepartners. Interessant wird es vor allem dadurch, dass es mehr vom Glück der Liebe erzählt als vom Schmerz über den Tod.«
Carsten Hueck / Der Tagesspiegel, Berlin

»Hansjörg Schneiders intimes Zeugnis seiner Trauer ist ein Geschenk, ein Lobpreis der Liebe und eine Versöhnung mit dem Sterbenmüssen. Es hat die Kraft zu trösten.« *Stefan Seidel / Der Sonntag, Leipzig*

Nilpferde unter dem Haus
Erinnerungen, Träume

Über einen Zeitraum von zehn Jahren hinweg hat Hansjörg Schneider Tagebuch geführt. Er notiert Lektüren, Begegnungen, Projekte. Er hält die Glücksmomente fest, die der Tag bringt, und die Alpträume, die ihn in der Nacht heimsuchen. Und immer wieder führt die dichteste Gegenwart zurück in die Vergangenheit, die ihn nicht loslässt. Hansjörg Schneider protokolliert sein Leben – schonungslos gegen sich und die Welt, berührend und mit lakonischem Humor.

»Ich beobachte mit Vergnügen, wie ein Autor Alltag in Literatur verwandelt. Schneider kann das meisterhaft.« *Dieter Forte*

Lieber Leo
Roman

Seine Freundin Bea hat ihn nach zehn Jahren ohne Adieu verlassen. Die Suche nach ihr führt den namenlosen Erzähler, einen Drehbuchautor Anfang vierzig, zu den Schauplätzen ihrer Liebe und seiner Biographie: ins Tessin, nach Basel, zum Vaterhaus im Aargau, nach Paris im Mai 1968. In der Neuen Welt, in San Francisco, findet der Erzähler Bea wieder. Und muss entdecken, dass sein bester Freund, Leo, etwas mit ihrem Verschwinden zu tun hatte. Zurück in Europa erfährt der Erzähler, dass Leo, den er zur Rede stellen will, gestorben ist. In Berlin beginnt er seinem toten Freund einen Brief zu schreiben: Lieber Leo ...

Kind der Aare

Autobiographie. Mit einem Nachwort
von Beatrice von Matt

Hansjörg Schneider erzählt vom Aargau, der Landschaft, die ihn geprägt hat. Von den sanften Hügeln und Auen und der kargen, autoritären Atmosphäre seiner Kindheit und Jugend in den Nachkriegsjahren. Von der Studentenzeit in Basel bis hin zum Aufbruch in ein Leben für die Literatur.
Woher kommt ein Schriftsteller? Authentisch, berührend und kein bisschen milde zeichnet Hansjörg Schneider nach, wie er wurde, wer er ist.

»Schneider gießt sein Erleben in einfache, glasklare und zugleich immer wieder hinterrücks poetische Sätze.« *Sibylle Birrer / Neue Zürcher Zeitung*

»Das eindrückliche literarische Porträt einer untergegangenen Schweiz.« *Lesen, Zürich*

Im Café und auf der Straße

Geschichten. Mit einem Nachwort
von Beatrice von Matt

Mit dem erzählenden Flaneur Hansjörg Schneider spaziert man in diesen kurzen Prosatexten durch die Städte, freut sich an glänzenden Kieselsteinen, an einem lesenden Mädchen, an Beduinen oder einem Londoner Gentleman. In wenigen, sorgsamen Strichen gelingen dem Autor Porträts von Orten, Situationen und Menschen, die man zu kennen glaubt, als würde man ihnen täglich begegnen, ohne sie je so liebevoll und klar gesehen zu haben.

»Wer die hohe Kunst des einfachen Schreibens lernen will, muss diese Geschichten lesen.«
Beatrice von Matt im Nachwort

Die *Hunkeler*-Romane:

Silberkiesel
Hunkelers erster Fall
Roman

Die Jagd nach Diamanten, die der Drogenmafia gehören, hält Kommissär Hunkeler in Atem.
Ein libanesischer Kurier entledigt sich seiner Ware, bevor die Polizei zugreifen kann. Gefunden werden die Diamanten von einem Kanalarbeiter, der das ihm zugefallene Glück nicht mehr hergeben will. Doch der Kurier setzt alles daran, sie zurückzuerobern...
Mit diesem Fall betritt Kommissär Peter Hunkeler aus Basel die literarische Bühne.

»Dieser Silberkiesel ist fürwahr ein kleiner Diamant.«
Susanne Schaber / Die Presse, Wien

Verfilmt mit Mathias Gnädinger
als Kommissär Hunkeler

Flattermann
Hunkelers zweiter Fall
Roman

Hochsommer in Basel. Nach seinem morgendlichen Bad im Rhein wird Kommissär Hunkeler Zeuge, wie von der Johanniterbrücke ein Mann in den Fluss stürzt. Auf den ersten Blick scheint es ein Selbstmord zu sein. Doch Hunkeler zweifelt daran und geht den

Spuren des Flattermanns nach. Sie führen ihn selbst an den Rand der Legalität und in die Tiefen seiner eigenen Geschichte.

»Hansjörg Schneider interessiert die Vieldeutigkeit mäandrierender Lebensläufe, denen er wie Flussläufen folgt. Für begradigte Biographien hat dieser Autor wenig übrig.« *Tina Uhlmann / Berner Zeitung*

Das Paar im Kahn
Hunkelers dritter Fall
Roman

Eine junge Türkin wird ermordet aufgefunden, ihr Gesicht ist entsetzlich zerschnitten. Offenbar hat ihr Mann sie aus Eifersucht getötet – wenige Stunden später erhängt er sich in der Zelle. Doch Kommissär Hunkeler mag an eine so einfache Lösung des Falles nicht glauben und recherchiert weiter. Was ist das Motiv für diesen grausamen Tod im Basler St. Johann-Quartier? Tatsächlich Eifersucht und Ehre? Oder hat die türkische Mafia etwas damit zu tun?

»Hunkeler ist der würdige Nachfolger von Wachtmeister Studer und *Das Paar im Kahn* einer der atmosphärisch dichtesten Krimis der letzten Zeit.«
Die Welt, Berlin

Verfilmt mit Mathias Gnädinger
als Kommissär Hunkeler

Tod einer Ärztin
Hunkelers vierter Fall
Roman

An einem heißen Montag im Sommer erhält Kommissär Hunkeler einen dringenden Anruf von der Sprechstundenhilfe seiner Hausärztin: Frau Dr. Christa Erni liegt ermordet in ihrer Praxis. Schnell ergeben sich Verdachtsmomente gegen eine Gruppe Drogenabhängiger, die von der liberalen Ärztin mit Methadon versorgt worden waren. Aber Hunkelers Instinkt für die Abgründe der menschlichen Psyche führt ihn untrüglich auf andere Fährten.

»Allesamt sind es Krimis, von denen man sich Dutzende mehr wünscht.« *Björn Kuhligk / Tip Berlin*

Verfilmt mit Mathias Gnädinger
als Kommissär Hunkeler

Hunkeler macht Sachen
Der fünfte Fall
Roman

Es ist bereits nach Mitternacht, als der leicht angetrunkene Kommissär Hunkeler auf seinem Nachhauseweg in Basel den alten Hardy auf einer Bank sitzen sieht. Er möchte mit ihm eine Zigarette rauchen, aber der sonst so gesprächige Hardy bleibt stumm – seine Kehle ist eine klaffende Wunde. Medien und Polizei sind sich rasch einig: Hinter dem Mord steckt eine mafiöse Schmugglerbande aus Albanien. Doch Hunkeler geht seiner Intuition nach und gerät ins Basler Rotlichtmilieu und in dunkle Abgründe der jüngeren Schweizer Geschichte.

»Kein Wort zu viel, aber auch keines zu wenig.«
Sonja Kolb / Rheinische Post, Düsseldorf

Verfilmt mit Mathias Gnädinger
als Kommissär Hunkeler

Hunkeler und der Fall Livius
Der sechste Fall
Roman

Das neue Jahr beginnt für Kommissär Peter Hunkeler mit einem schauerlichen Fall: In einem Schrebergarten am Stadtrand von Basel wird eine übel zugerichtete

männliche Leiche gefunden. Auf der Suche nach dem
Mörder muss sich der launische Kommissär nicht nur mit
streitsüchtigen Hobbygärtnern, sondern auch mit den
Widrigkeiten der grenzüberschreitenden Polizeiarbeit
auseinandersetzen. Der Fall wird immer rätselhafter,
als Hunkeler auf Verdrängtes aus dem Zweiten Welt-
krieg stößt: Was genau geschah im Februar 1943 im el-
sässischen Ballersdorf, und was hat es mit diesem Fall
zu tun?

»Hunkeler und der Fall Livius ist in meiner Lesart ein
Buch über eine Grenze, und zwar ein sehr gutes.«
Franz Schuh / Literaturen, Berlin

Verfilmt mit Mathias Gnädinger
als Kommissär Hunkeler

Hunkeler und die goldene Hand
Der siebte Fall
Roman

Peter Hunkeler liegt im Außenbecken des Seebads in
Rheinfelden und kuriert sein Rückenleiden, als die
Leiche eines Kunsthändlers aus Basel vorübertreibt.
Der Kommissär beginnt zu ermitteln und taucht ein in
eine Welt des illegalen Kunsthandels, in der Erfolg
und Verbrechen kein Widerspruch sind. Die Spur
führt ihn schließlich zur sagenumwobenen ›goldenen
Hand‹ Rudolfs von Rheinfelden, für die sich einige
Leute zu interessieren scheinen …

»Naturbelassen bodenständig bewegt sich das Perso-
nal durch jene schöne mitteleuropäische Gegend zwischen Schwarzwald, Vogesen und Jura, wo man schon
immer nachbarschaftliche Querelen über die Grenzen
hinweg in zweieinhalb Sprachen austrug. So prisma-
tisch und spitzbübisch schillern auch die *Hunkeler*-
Krimis allesamt.«
Günther Grosser / Berliner Zeitung

Hunkeler und die Augen des Ödipus
Der achte Fall
Roman

Wo steckt der Theaterdirektor Bernhard Vetter? Sein Hausboot ist herrenlos beim Stauwehr von Märkt aufgefunden worden, von ihm selbst fehlt jede Spur. Und das wenige Tage nachdem eine Inszenierung von König Ödipus in Basel die Gemüter erhitzt hat. Kommissär Peter Hunkeler steht sechs Wochen vor der Pensionierung. Aber ist er bereit, von der Bühne abzutreten? Mit gemischten Gefühlen taucht er ein ins Theatermilieu, zu dem er als junger Mann selbst gehört hat.

»Gemütlich und mit viel Spaß am Basler Lokalkolorit erzählt. Sympathisch schrulliger und intelligenter Kriminalroman.« *KulturSpiegel, Hamburg*

Verfilmt mit Mathias Gnädinger
als Kommissär Hunkeler

Hunkelers Geheimnis
Der neunte Fall
Roman

Ein prominenter Basler Banker stirbt im Krankenhaus unter merkwürdigen Umständen. Hat sein Tod etwa mit dem weltweiten Druck auf Schweizer Banken zu tun, oder geht es um andere dunkle Seiten der Eidgenossenschaft? Peter Hunkeler ist im Ruhestand, das geht ihn eigentlich alles nichts an. Nur hat er zufällig etwas gesehen, was ihm keine Ruhe lässt.

»Im neunten Roman um Kommissär Peter Hunkeler läuft Hansjörg Schneider zu großer Form auf.« *Bruno Steiger / NZZ am Sonntag, Zürich*

»Der Ton ist herbstlich. Aber es ist ein ziemlich goldener Herbst. Gelassener floss noch kein Hunkeler dahin.« *Elmar Krekeler / Die Welt, Berlin*

Hunkeler in der Wildnis
Der zehnte Fall
Roman

Ein friedlicher, sonniger Sonntagmorgen im Kannen-
feldpark in Basel. Plötzlich schreckt ein Schrei Peter
Hunkeler bei seinem ersten Kaffee auf: Eine Spazier-
gängerin hat hinter den Büschen einen Toten ent-
deckt. Auch wenn er inzwischen in Rente ist, ein
Polizist bleibt ein Polizist, zumindest für seine Mitmenschen. Wohl oder übel muss Hunkeler nachsehen.
Und merkt, dass er den Toten kennt: einen bekannten
Journalisten und Kunstkritiker.

»Wirklich gute Literatur. Einer der besten Hunkeler.«
Michael Luisier / Radio SRF 1, Zürich

»Schneiders Sprache ist in ihrer Klarheit und Ruhe
nach wie vor ein Vergnügen.«
Jochen Overbeck / Spiegel Online, Hamburg